ネイティブスピーカーの英文法絶対基礎力

Native Speaker Series

大西　泰斗
ポール・マクベイ

研究社

まえがき

　この文法書は、他の文法書とまったく異なった新しいコンセプトで貫かれています。それは英語を学ぶ人誰もが必要とする「絶対の基礎」を解説すること。

　ほぼすべての文法書は、文法書というよりも「表現解説書」に留まっています。the の意味、-ing の意味、to 不定詞の意味——これらの表現を学ぶことは非常に重要であることは言うまでもありません。ですが、英語を自由に使いこなすには「その前」があるのです。

　それぞれの表現を学ぶ前に、あるいはそれと並行して、身につけなければならない最も重要な感性。それを私は「絶対基礎力」と呼んでいます。それを身につけてはじめてネイティブの英語に近づくことができます。

　とはいえ「絶対基礎力」にむずかしい内容はありません。覚える必要すらありません。英語の絶対基礎力は、誰もが簡単に理解できる 5 つの原則によって成り立っているからです。そしてこの単純な 5 つの原則から、みなさんが不思議に思ってきた数多くの文法事項が流れ出してきます。

　さあ、はじめましょう。英語ということば、しっかりとにぎりしめてください。

　2005 年 9 月

大西泰斗
Paul Chris McVay

目　次

まえがき　iii
本書の目標と方法　viii

Chapter 1　英文の骨格を決める配置感覚　　1

主　語	7
BE 動詞の意識	12
述語のなかみ	16
パターン 1:「力が及ぶ」なら V ■	18
パターン 2:「単なる動き」なら V	19
パターン 3:「手渡す」なら V ■ ■	21
パターン 4:「進む方向を示す」なら V ■ to …	22
パターン 5:「報告」なら V that …	25
パターン 6:「動的内容を展開」なら V to … / -ing	26
ピボット (1)　ピボットと並べる自由	29
ピボット (2)　いわゆる知覚構文	33
ピボット (3)　いわゆる使役構文	36

Chapter 2　骨格を変形する　　41

倒置は感情	47
疑問文基礎	53
疑問文のバリエーション (1)　否定疑問文	57
疑問文のバリエーション (2)　付加疑問文	60
疑問文のバリエーション (3)　あいづち疑問	63

[v]

疑問文のバリエーション (4)　WH 疑問文 ——— 64
WH 文 ——— 71
疑問文のバリエーション (5)　聞き返し疑問 ——— 73
感嘆文 ——— 76

Chapter 3　修飾する　79

前は限定 (1)　限定修飾 ——— 86
前は限定 (2)　否定 ——— 91
前は限定 (3)　限定詞 ——— 95
並べると説明 (1)　説明修飾 ——— 105
並べると説明 (2)　同格 ——— 110
並べると説明 (3)　WITH ——— 113
穴埋め修飾 (1)　WH 修飾基礎 ——— 115
穴埋め修飾 (2)　グラブ ——— 118
穴埋め修飾 (3)　ジョイン ——— 119

Chapter 4　「とき」をあらわす　123

過去形の距離 ——— 128
現在形 ——— 130
現在完了形 ——— 134
過去完了形 ——— 143
進行形 ——— 146
「とき」は前後運動 ——— 152
「とき」の自由 ——— 154
未来表現 ——— 158
「とき」がない ——— 165
丁寧表現 ——— 170

控えめな過去の助動詞	174
仮定法 (1)	177
仮定法 (2)	181

あとがき　187
INDEX　189

本書の目標と方法

「君、英語は英語らしくとらえなければだめだよ。英語は左から右に書かれているんだから返り読みとかしちゃだめだよ」

「それじゃどうやったら英語を英語らしくとらえることができるんですか？」

「... 根性」

誰もが口にする「英語は英語らしく」。誰もが一度は耳にした「返り読みはだめ」。だけどどうすればそれが可能なのか教えてもらったことはありますか？ 本書は「英語を英語らしく」とらえることを目標にしたはじめての文法書です。最大のテーマ、学習事項は英語を貫く5原則。

従来の「英文法」は冠詞・不定詞・現在完了など、主な内容はボキャブラリーの解説に留まっています(現在完了も結局のところ「助動詞 have の使い方の解説」ですよね)。ですが、それら個々の文法事項よりも、「so ... that ... は『たいへん〜なので〜だ』です」よりも、はるかに大切

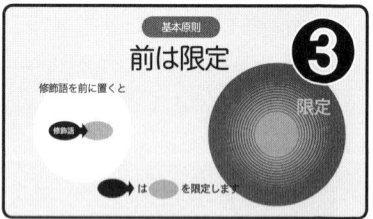

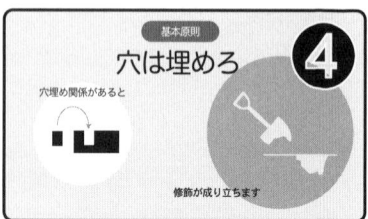

なことがあるのです。それがこの5原則。英語の中に流れる単純な、ですがネイティブの英語力を支える、感覚原則です。

　本書はこの5原則を中心に英文法の最重要ポイントを解説していきます。いままで丸暗記してきたことが、単純で力強い感覚として流れ込んでくるはずです。繰り返し繰り返し出てくるこれら感覚原則が、みなさんの英語を土台からネイティブの英語に近づけてくれるでしょう。「英語を英語らしく」「ネイティブが感じているように英語を感じる」、もう少しでできるようになりますよ。

　さあ、はじめましょう。

Chapter 1
英文の骨格を決める配置感覚

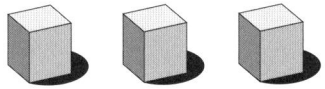

英語を受け入れる態勢

　私は英文を書くとき、必ず——たとえ5分間でもいい——洋書に目を通します。そうやって頭を英語のギアに切りかえるのです。英語を受け入れる態勢を作るのです。

　英語と日本語のあいだには、ずいぶん大きな隔たりがあります。その距離をうめるには、まず日本語特有のクセを捨て、**英語を受け入れる心の態勢を整えなければなりません。**

　「心の態勢」を整えるとはいっても、右脳やら小脳やらのオカルトチックなことではありませんし、「絶対に返り読みはしない」なんて根性論でもありません。ただ1つの事実を受け入れるだけでこと足ります。それは、

　　英語は並べることば

だということ。要素を上手に並べながら文を形作る。その感性を徹底して肌で感じればいいだけのことなのです。

日本語は納豆系

　そもそも、私たちの日本語はどういったことばなのでしょうか。ひとことで言えばそれは「粘着力が強い」ことばだということです。**納豆系**。表現それぞれが厳密に「役割」を指定され、ガッチリと文を構成していきます。

　　ジョンは　メアリを　愛してる。

「は」「を」が、ジョンとメアリの役割（「ジョンは主語だよ」とか「メアリは愛されている人だよ」とか）をガッシリと指定していますね。

　日本語は、表現の一粒一粒に役割がまとわりついていますから、表現の配置を少々変えても意味内容はくずれません。

　　メアリを　ジョンは　愛してる。

　　ジョンは　愛してる　メアリを　。

うぅむ。なんとすばらしい自由度でしょうか。これが日本語。でもこの自由度は、ある意味、面倒くささと引き換えになっていることに注意しましょう。「は・を」など、役割を示す語を逐一まとわりつかせなければならないのです。

英語は並べていくことば

英語はこの点、日本語とまったく反対の方向にあります。それぞれの表現に役割はまとわりつきません。そのかわり上手に並べていく――配置する――ことが重要になってくるのです。

|John| loves |Mary|. （ジョンはメアリを愛している）

「は」「を」といった、余計なものは John, Mary にはついていませんね。ただ John。ただ Mary。

英語は、表現に「は」「を」がつかない代わりに、位置によって役割を与えることばなのです。ためしに順番を変えてみましょうか。

|Mary| loves |John|. （メアリはジョンを愛している）

ほら、意味がすっかり変わってしまいましたね。

どのことばにも独自の、意味を伝えるための負荷が重くかかっている場所があります。日本語の場合それは、「て・に・を・は」や「赤・赤く・赤い」などの変化形です。表現に「は」「を」がつくことによって、表現が形を変えることによって、文の中での役割が指定されます。一方英語は、配置のことば。表現が置かれる位置がことのほか重要なことばなのです。

■配置が重要(例その1): 赤い靴はいてた女の子

「赤」「赤い」「赤く」、日本語は表現の形を見ればそれがどのような働きをするのかがわかります。

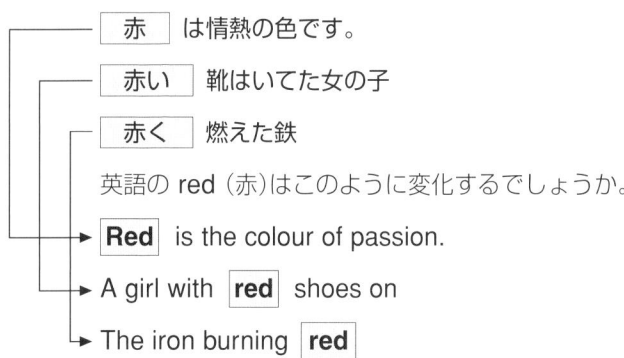

それぞれ働きはちがいますが、red は red。そのまんま。日本語が、表現の形を変化させてあらわす内容を、英語は表現を配置することによってあらわしているのです。

■配置が重要（例その２）: 公園を走る男の子

英語は配置のことば。配置が意味を決めるのです。もう１つの例、running in the park を取り上げましょう。

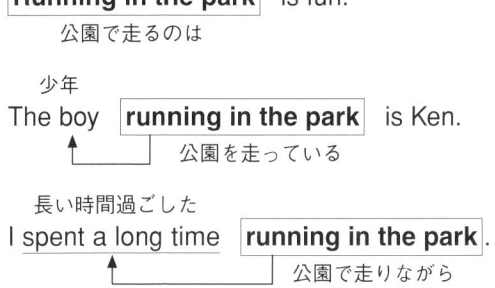

ここでも red と同じように、running in the park というかたまりが、形を変えずに、別種の役割を果たしていることがわかるでしょう。もちろん、「配置が意味を決める」という英語の性質がそれを可能にしているのです。

英語が単純に見える

心の態勢を整えるのはむずかしいことではありません。英語は適切な位置に表現を配置することによって文を作る。「てにをは」や語尾変化を配置に置き換えて考える。それだけのことです。

聡明なみなさんなら、もうお気づきでしょう。**英語の文法はそれほど複雑にはなりえない**ってことが。英語は配置のことば。複雑な語尾変化も「てにをは」もありません。本質的には、**適切な位置に表現のかたまりを配置する、そのコツを身につければいいことば**だからですよ。

また、「適切な位置」もむずかしくはないんです。ことばはまっすぐ平たく流れていくもの。こんなふうにも、あんなふうにもなっていません。

Tom speaks English well.

○まっすぐ平らに

×こんなふう

×あんなふう

まっすぐ平らにしか文は進みませんから、位置とはいっても「上」とか「下」とか、ましてや「右斜め 40 度」なんて複雑な位置関係はありえません。**前にくるか、後ろにくるか、**というごくごく単純なものです。

ほら、もう英語が単純に思えてきましたね。それが大切。その気持ちがとっても大切なんですよ。

この章では ...

この章では、英語文の骨格といえる「主語—述語」の配置、さらに述語内の動詞を中心としたパターンについて学習します。もっとも重要なのは、その底流にあるネイティブの感覚——要素を並べていく感覚——をつかみとること。そのための第一歩、基本原則「ならぶとせつめい」もあわせ解説していきます。

主 語

ひかりかがやく文の中心

文の中心はなんといっても主語。すべての文は、主語についての説明——何をやったのか・どんな状況にあるのか——がその役割です。つまり**文は主語とその説明(述語)から成り立っている**のです。

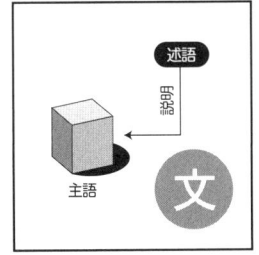

<u>太郎は</u>　<u>浮気がバレて怒られた。</u>
　主語　⇦　　述語(説明)

主語をつかまえる

文の意味を理解するためには、まず主語をつかまえなければなりません。当たり前ですね。文は主語の説明なのですから。ですがこの**主語のつかまえ方が日本語と英語では異なる**のです。

日本語文を理解するとき、私たちは無意識のうちに、「〜は(が)」を「探し」ます。どこまでが主語かを理解するためです。ですが英語には主語を明確に示す印がありません。

Tom |likes Ken| .　（トムはケンが好き）
主語　　述語

英語では、主語は述語が横に並んでみてはじめて主語であることが了解されます。つまり**ネイティブは述語が始まるところを「探す」**のです。そこまでが主語、というわけ。意識を変えましょう。「は」探しから「述語」探しへ。英語では主語は明確に示されているわけではありません。述語を「探し」そこから主語を割り出す、その意識が何よりも大切です。

The guy with a flashy red T-shirt on ｜ is Ken.
　　　　　　　　　　　　　主語 ←　｜ 述語

（ケバイTシャツを着てるのはケンだよ）

　英語文では単に主語のかたまりと述語のかたまりがゴロッと転がっているだけです。「は」を使って主語を明確に示す日本語に慣れていると「何かつけなくちゃ主語をわかってもらえないんじゃないかな」という心配が軽くよぎったりもしますが...乗り越えてください。**主語と述語を、ポンポンと並べるだけの薄情に慣れてください。それが英語の感性**です。

「主語がなくてはダメ」...か？

　主語は文の中心。ですが、明確にわかる場合には省略されることがあります。日本語には特にその傾向が顕著です。

　いやあ、昨日学校行ったらさ、突然降って来ちゃって、ビチョビチョに濡れちゃったよ。

主語、ありませんね。英語はここまで寛容ではありませんが、それでも——特に会話や友人同士のメールなどくだけた調子の文では——主語は、しばしば省略されます。

> □*Almost missed your mail. I found it in the junk folder!* □*Can't trust these computers, can you?! Anyway,* □*sounds good for the 7th. I'll bring some beer and wine, OK?* □*Won't be able to drink too much, mind you, cos I'm driving.* □*See you then.*
>
> もうちょっとでメール読みそこねるところだったよ。ゴミ箱で見つけたんだ。コンピューターって信じられないよな。とにかく7日は大丈夫。ビールとワインもっていくよ、いいね? まぁあんまり飲めないと思うけどさ。だって車で行くんだもの。じゃあね。(□は本来主語があるべき場所です)
>
> 【注】 よい子のみなさんはパーティに車で行ってはいけません。cos は because。めんどくさいとき使います。

「主語は絶対なくちゃならん」と杓子定規に考える必要はありません。**基本は「抜かすな」。特に初心者のウチは。だけど英語に慣れて力の抜き方がわかってきたなら「かたくるしく考えなくていいよ」**です。

命令文は「述語そのまま」の感覚

「正式に主語がない」とはおかしな言い方ですが、命令文はこれに当たります。**主語がなく、動詞の変化しない形(原形)を用います。**

Speak English. (英語を話しなさい)
動詞原形

Be more kind. (もっと親切に)
動詞原形

命令文の意識

目上が目下に――たとえば大人が子供に――命じるような、うむを言わせぬ強い、そして横柄にもつながる響きがある形ですが、なぜ主語がないとこのような効果が生まれるのでしょう。

speak English は単なる述語。そもそも文として成り立っていませんし、ましてや人に語りかける体裁などまったくとっていません。こ

れをぶっきらぼうに相手に呈示する、命令文の強さ・横柄さは、そこから生じています。「こら、そこ。勉強する！」、相手を思いやった語りかけにはなりえないんですよ。

📖 命令文については p. 168 参照

∎

　主語について理解が深まったところで、さっそく述語に話を進め . . . 。おっと、その前に主語と述語を結ぶ重要な原則の話をしておかねばなりません。

英語の基本原則 (1)
ならべるとせつめい

　英語の 5 原則。ネイティブの感覚にしっかりと組み込まれた暗黙の鉄則。そのトップバッターがこの「並べると説明」です。

　おそらく今まで誰もこんな疑問をもったことはないでしょうが、どうして主語と述語はこの順に並ぶのでしょう。どうして逆にはならないのでしょう。

○Tom speaks English .　　主語 ＞ 述語
× Speaks English Tom.　　述語 ＞ 主語

その答えは英語のもつ非常にパワフルな原則 並べると説明 にあります。

主　語　11

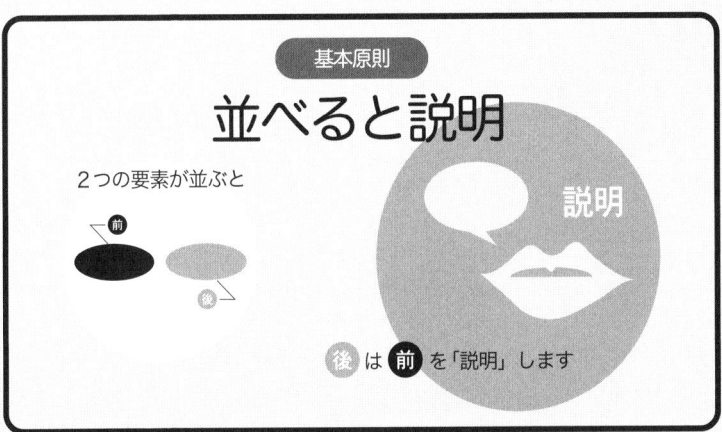

　主語と述語の関係を思い出しましょう。主語は文の中心。文は主語を述語が説明することによって成り立っています。もうわかりましたね。この原則にしたがって、説明する述語は主語の後ろに置かれているのです。
　もちろん英語に限らず日本語にも、この原則は当てはまります。

　　おまえ、嘘つき

この例では、「おまえ」と「嘘つき」が単に並べられているにもかかわらず、後ろの「嘘つき」は、前の「おまえ」を説明しているでしょう？　日本語は「てにをは」や語尾変化を豊かにもっているため要素の配置にはかなりの自由度がありますが、英語は「配置こそすべて」のことばであるためこの原則がより徹底した形で実現されているのです。

　まずはもっとも原始的な be 動詞文から始めましょう。ポンポンと並べられた「主語ー述語」がこの 並ぶと説明 で結ばれていることがよく見えてくるはず。そのあとより複雑な述語に話を移しましょう。

BE動詞の意識

BE動詞に意味はない

am, are, is と変化する動詞、be 動詞。この動詞を知らない読者はいないはず。ですが問題は「正しい意識」で使っているかどうかです。「『...は〜です』と訳しなさい」というアドバイスは論外だとしても。

be 動詞に意味はないことをまず確認しましょう。それがこの動詞を正しく感じるコツです。

You **are** a fool. （君はアホウだ）

一見したところ be 動詞には「＝」の意味があるように見えます。文意は「君＝アホウ」ですからね。私も「be 動詞の意味は？」と尋ねられたら「＝」と答えます。でもそれは便宜上の説明。英語を原則から学ぶみなさんには、遠慮なくイキます。

be 動詞が「＝」に見えるのは、「＝」という積極的な意味があるからではありません。「＝」の意味は、文の形それ自体から出ているのです。

ためしに、上の文から be 動詞を消してみましょうか。

Oh, you fool! （このアホウ！）

you と fool が単に並んでいる形。感情が爆発して a まで吹っ飛んでますが、それでも「君＝アホウ」になるでしょう？ さあ、もう思い出していただけましたね。ここには 並べると説明 の原則が働いているんですよ。

You と fool が並べられている、並べられたから fool が You を説明しているのです。この文の実質的な述語は a fool。be 動詞は文の形を整える(あるいは文の時を示す)、いわば「おまけ」。積極的な意味などありません。主語と述語をポンポンと並べただけの文。be 動詞文はもっとも原始的な文なのです。

■存在の BE

「be に意味はない」というと、次のような文を持ち出して「be は存在をあらわす」などと反論する人もいます。

God is. （神はまします [いる、ってことですな]）

ですが、現代英語においてこうした be は、ほぼ決まり文句に限られており、もはや過去の遺物となっているのです。

Chris is.

なんて言ったって、ふつうのコンテキスト(文脈)では、誰も理解はしてくれません。

be 動詞はおまけと理解するだけでは、英語力は 1 ミリものびません。意識を変えること。ポンポンと 2 つを並べる感覚で文を作ることが何より大切です。

You are **gorgeous**.
He is **Superman**.
Lucy is **cute**.

短縮形には意識が反映されている

並べる意識を身につけると、とたんに英語がワンランク上がります。読み方すら変わってくるのです。初心者は be 動詞の文を同じ強さ・リズムで読んでしまいます。これは不自然。ネイティブは弱くすばやく発音します。

〔初心者〕　　　　　〔ネイティブ〕
He　is　happy.　→　He is　happy.
●　●　●　　　　　●●　●

He と happy を並べる意識をもてば、ネイティブの読み方が感覚として理解できるでしょう。

be 動詞では「短縮形」が頻繁に使われるのも、まったく同じ理由からです。おまけを弱くすばやく読む、それが書き言葉に反映されているにすぎません。おまけじゃない普通の動詞には、短縮形などありませんよね。

■BE の短縮形

Lucy's (= Lucy is)　　I'm (= I am)　　You're (= You are) . . .

be 動詞は単に文の形を整えるだけの、非常に特殊な動詞。それをしっかり頭に入れておきましょう。

その他の並べる動詞は . . .

be 動詞と同じように並べる感覚で使うことのできる動詞はいくつかあります。代表的なものを取り上げてみましょう。

Keiichi became **a dentist**. （圭一は歯医者になった）

They remained **our friends** all their life.
(彼らは生涯僕らの友達だった)

become は come to be (「= になる」)、remain も「依然として(ずっと) = だ」、どちらも「=」が意味の基底にあるのがわかりますね。どちらも並べる意識で使っているのです。

こうした動詞は become, remain に限らず多々ありますが、すべて「=」に多少のフレーバーが加味されているにすぎません。知覚系動詞もこうした形で使うことができる代表選手です。

This { **looks** / **sounds** / **smells** / **tastes** / **feels** } nice.

- 見える
- 聞こえる
- においがする
- 味がする
- 感じられる

上の文は基本的に、This is nice. (これはいいね)ということです。「=」の関係。そこに「見える・聞こえる...」などのフレーバーが加わっているんですよ。

述語のなかみ

主語・述語の関係は「並べる」感覚

これまで be 動詞文を使って、主語ー述語のもつ 並ぶと説明 の関係を見てきました。be 動詞文に限らずネイティブにとって、主語と述語はポンポンと 2 つ並べられているにすぎません。「並べとけばいいんだ」この意識をしっかりとにぎりしめておいてくださいね。

さて be 動詞とちがい他の動詞は、複雑な述語を作ります。

Lucy is cute.
John gave Mary a present.
（ジョンはメアリーにプレゼントをあげた）

並べられた述語が主語を説明する、文の成り立ちは変わりません。ですが give は be 動詞よりもはるかに複雑な述語を作っているでしょう？さあそれでは話を進めていきましょう。

述語の「なかみ」のお話です。

述語のなかみは「置いていく」という意識で

英語のネイティブは、述語を作る意識が私たちとわずかに異なっています。**英語は配置のことばだ**からです。日本語文は、動詞の意味を頭に置きながら——それに向けて——必要な要素を「てにをは」で加えていく感じがしますね。それにたいして英語は、動詞の後ろに必要な要素が入るスロットが空いていて、そこに要素を**「置きにいく」という感覚**。

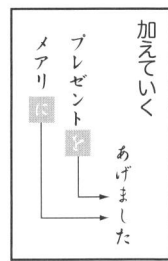

決まった場所に置きにいく

日本語には「てにをは」があるので、順序はあまり問題にはなりません。ですが、英語は配置する場所が重要。場所を入れ換えると意味が変わってしまいます。

I gave Mary a present . （メアリにプレゼントをあげた）
*I gave a present Mary . （プレゼントにメアリをあげた）
（*印はその文が不自然なことを示す）

あらかじめ意味の決まったスロットに要素を配置していく、それが英語の感覚です。とはいえ、それは特段むずかしいことではありません。述語の配置パターンはホンの数種類しかないからです。

さあ、それではさっそく重要な配置パターンに説明を加えていくことにしましょう。

述語配置パターンを「感覚」とともに身につける

述語の基本パターンは以下の6つです。「ああ、この動詞はSVOOで使うんだっけ」。それではいけません。配置パターンは「意味」を反映しているのです。

パターン 1　　　　「力が及ぶ」なら V ■

英語は、述語のとるパターンと意味が密接に対応しています。それぞれのパターンの底には意味があるのです。まず最初は一般に「他動詞」と呼ばれるパターン。

動詞（V）の後ろに名詞を1つ（Mary）とるパターン。

この型は動詞の**「力」が後ろの名詞に及んでいる**ことを示します。上の文は「love が Mary に及んでいる」というキモチですよ。

この型の文はすべて「力が及ぶ」です。

　He **kicked** the ball. （ボールを蹴った）
　She **made** a yummy chocolate cake.
　　（おいしいケーキを作った）
　I **saw** a ghost!　（幽霊を見た！）
　I **heard** a scream of terror. （恐怖の叫びを聞いた）

どの場合も、動詞のあらわす行為(力)が後ろの名詞に及んでいますね。ball に直接力が及ぶから kick はこの形をとるのです。see, hear に注意しましょう。「見る」「聞く」が a ghost, scream に及んでいます。つまり「見える」「聞こえる」という意味になっているんですよ。

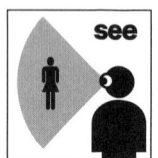

パターン2　　　　　「単なる動き」なら V

動詞の後ろに直接名詞がこないパターン。左の jump のようにそれで文を終わることだってできます。

この形は**単なる動き**——他動詞のように他に力を及ぼすわけではない——を示します。jump（走る）、walk（歩く）、run（走る）、work（働く）、sleep（寝る）など。

おもしろいことに、look はこの型で使われます。look も see 同様「見る」ですが、look は「目をやる」という単なる動作。see のように「見る力が及んでいる(＝見えている)」とは意味もとるパターンもちがうのです。

このパターンをとる動詞は、しばしば前置詞と結びついてさまざまな意味を作ります。

　I looked **at** the strange photo. （奇妙な写真を見た）
　The police are looking **into** the children's disappearance.
　　（警察はその子供たちの失踪を調べている）
　We looked **for** a nice present. （いいプレゼントを探した）

動作が、何に向かうか・どんなふうに向かうかを指定するのが前置詞。「熟語」と呼ばれることが多いコンビネーションですが、丸暗記の必要などありません。

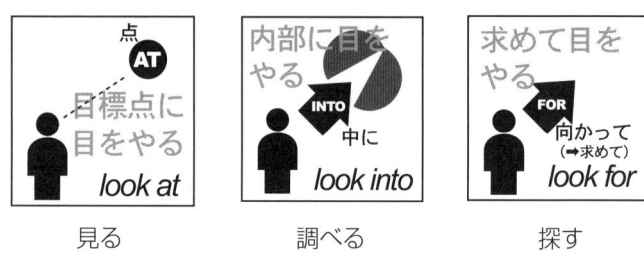

見る　　　　　　　調べる　　　　　　　探す

図に示したように前置詞の意味さえ正しくつかんでいれば、その意味はおのずとわかってくるのですから。

パターン3　　「手渡す」ならV ■ ■

このパターンには「手渡す」という意味が強固に結びついています。give（与える）が代表例。2つの■■はそれぞれ、

give ＿＿＿ ＿＿＿
　　　　-に　　-を

という意味関係となります。

このパターンをとるのは give だけではありません。ですがどの動詞がこの型で使われるにせよ、そこには give がオーバーラップしてきます。次の文すべてに「手渡す」があることに注意してください。

I'll **buy** her a diamond ring. （ダイヤの指輪を買ってあげる）
I **found** him a lovely antique watch.
（かわいいアンティーク時計を見つけてあげた）
My sister **got** me Will Smith's autograph.
（妹がウィル・スミスのサインを手に入れてくれた）
My girlfriend **made** me a sweater.
（ガールフレンドがセーターを編んでくれた）

どうでしょう。buy（買う）、find（見つける）、get（得る）、make（作る）も、この型で使われるとすべて「手渡し」が含意されるのです。次の例は少々わかりづらいかもしれませんが、やはり「手渡し」。

They **showed** me their photos.
（写真を見せてくれた）
I **told** him the news. （ニュースを教えてあげた）
Mrs. Kennedy **taught** me biology.
（ケネディ先生が生物学を教えてくれた）

取り出して「はい」と手渡す感覚で show（見せる）、tell（告げる）、teach（教える）が使われているのです。

パターン4　「進む方向を示す」なら V ■ to . . .

このパターンを説明する前に to についてひとこと。文法書では通例、前置詞の to・不定詞の to と分けられていますが、むずかしく考える必要はありません。前置詞であろうが不定詞であろうが to はいつでも「方向」。

I went **to** my office.　(会社に行った)

「方向」がすべての to の基本なのです。

さて、このパターン。前に扱った「V ■」と to . . . との単なる組み合わせです。

I told **him to** buy it.
　　　　　　動詞原形
(それを買うように言った)

これは、「働きかける」動詞が典型的にとるパターン。ask (頼む)、order (命令する)などがその代表格です。

I **asked** him to do it.　(そうするように頼んだ)
I **ordered** him to do it.　(そうするように命じた)

him に力を加えていることがわかりますか？ to 以下の方向に進むように働きかけているのです。そう、「頼む」「命令する」ことによって him を「押して」いるんです。tell も同様。「指示を出す (tell)」ことによって押していますね。

このパターンをとる動詞には他にも persuade (説得する)、force (強いる)、compel (強制する)、encourage (励ます)、convince (納得

させる)などなど。どの動詞にも「働きかけ」を感じることができるでしょう? あ。もちろん「persuade はこのパターン」などと無理に覚える必要はありませんよ。「働きかけ」をあらわしたいならこのパターンを使えばいい、ただそれだけのことです。

このパターンを使うのは「働きかけ」の動詞だけではありません。

I expect **her to** marry Taro.
(彼女は太郎と結婚することになると思うよ)

彼女が marry Taro 方向に動くことを予期しているということです。to の意味はやっぱり変わっていません。to はいつだって単なる「方向」なんですよ。次も「方向」。us が wear ... に進むことを許可しています。もうだいじょうぶですよね。

My company allows **us to wear casual clothes**.
(僕の会社は普段着を着るのを許可してるんだよ)

■want の意味

よく受ける質問に「なぜ want は want 人 to ... の形をとるのか。似たような意味の hope はなぜこの形をとれないのか」があります。むずかしくないよ、それぞれの動詞の意味がわかっていればね。

I want **her to** marry Taro. (あの子には太郎と結婚してもらいたい)

want は実現への差し迫った欲求をあらわす圧力の高い単語です。この場合 her に直接働きかけをしているわけではありませんが、「できれば彼女をそうさせたい」「機会があれば説得したい」そうした具体的な意欲に満ちあふれた単語。その感触がこの形を選ばせています。逆に hope は自分の希望について述べている(報告している)にすぎません。誰かを「押す」「押したい」そうした強さはないんですよ。ですから次の文はおかしく感じられるのです。

*I **hope** her to marry Taro.

ちなみに、「報告するパターン (V + that ...)」では want を使うことはできません。単なる報告ではないからです。逆に hope は OK。

*I **want** that you'll come. (来て欲しい)
I **hope** that you'll agree. (同意してくれたらいいなと思ってます)

パターン5 「報告」なら V that ...

「と思っています」「と考えています」「ということは知っています」「と言いました」など、状況を報告するときに使うパターンがこれ。think（思う）、believe（信じている）、hope（望む）、say（言う）などさまざまな動詞がとる形です。

I **think** that we've done enough work for one day.
（1日の仕事としては十分だと思うよ）

think の内容を報告する。「思っているのはね...こういったこと」、そうした呼吸で使ってください。

もちろん動詞だけでなくてもかまいません。大切なのは「報告」という意味を担っているかどうかということなのですから。

He **told me** (**said to me**) that he would give me his answer by tomorrow.
（明日までに答えをくれると言っていたよ）

このパターンでは that を使わなくても大丈夫。that は「考えているのはね...ということ」と、think とその内容を滑らかにつなげる働きをしています。

パターン 6 　　「動的内容を展開」なら V to ... / -ing

「公園で遊ぶのが好き」「ロンドンに住みたい」。I like dogs. のようにモノではなく、動的な内容を対象にしたいこと、よくありますね。

その場合には 2 通りの方法 (-ing と to) があります。

to にする場合と -ing を使う場合では、意味内容が変わってきます。-ing は進行形で使われることからわかるように、常にリアルで生き生きとした状況が想起されています。I like playing in the park. には実際に自分が公園で遊んでいるのを想像しながら発言している、といった趣であるのにたいして、to play in the park にはそうした生き生きとした質感はありません。単に「公園で遊ぶことが」といった平板な物言いです。

さて、これでパターンはすべて終了。おつかれさま。

※ to 不定詞と -ing など、文法でよく使われる形の詳しい解説は執筆中の次回作『ネイティブスピーカーの英文法最重要語彙』(仮題)で行う予定です。お楽しみに。

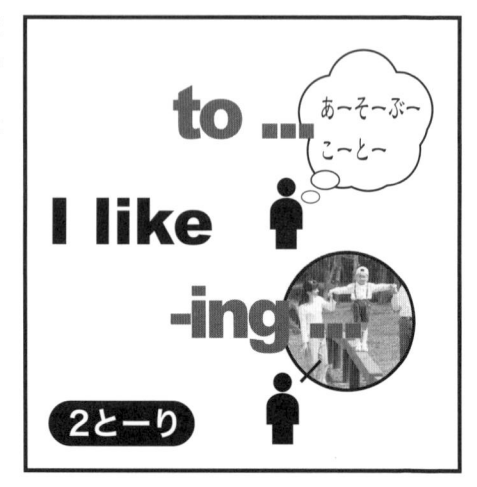

述語の配置パターンを理解するコツ

ある動詞がとる配置パターンは、多くの場合 1 つに限られるわけではありません。述語の可能な配置パターンのうち、どれを選択するかには「動詞をどのような意味で使いたいのか」という話し手の意図が反映されます。

> ### ■ promise の可能配置パターン
>
> They promised.　　　　　　　　　　　　　　2: 単なる動き
> 　（約束した）
> They promised me .　　　　　　　　　　　　1: 力が及ぶ
> 　（私に約束した）
> They promised me a refund .　　　　　　　　3: 手渡す
> 　（私にキチンと返金すると約束した）
> They promised to send me a refund .　　　　6: 動的内容
> 　（返金を送ると約束した）
> They promised that a refund would be sent to me .　5: 報告
> 　（追って返金されると約束した）

「約束する」を look と同様の単なる行為・動作として述べたいのか、誰かに手渡すものとして使いたいのか。はたまた報告としてなのか。そうした話し手の意図が最適な配置パターンを選ばせます。パターンにはそれぞれに強固に結びついた意味がある、だからこそこうしたことができるのです。

また——もちろん——すべての動詞があらゆるパターンを選択できるわけではありません。「want の意味 (p. 24)」を思い出してください。

　I want **her to** marry Taro.
　*I **want** that you'll come.

動詞にはその本来の意味・ニュアンスによって選ぶことのできないパターンがあります。

配置パターンの選択、それは動詞本来の意味と話し手の意図、2つの兼ね合いのなかで決定されるのです。

辞書を見ると動詞ごとに「可能な文型」がくわしく述べられていますが、それを頭から丸暗記するのは効率的とは言えませんし、可能なことでもありません。また辞書だって決して万能ではないのです。

The teacher yelled at the students to shut up and get on with their work.
（その教師は学生たちに静かにして課題を続けるように叫んだ）

みなさんならこの文が典型的な「働きかけ」だと気づくはず。「叫ぶ」ことによって学生を shut up . . . に押しているわけです。けれど、おそらくどの辞書にも、

yell at 目的語 to... （叫んで . . . させる）

なんてパターンは書いてないでしょう。

またネイティブが新しい単語に出会ったとしましょうか。

Mary abc-ed Lucy an xyz.

abc-ed なんて単語を知らなくても、ネイティブは「ああ、Mary が Lucy に xyz を与えたな」と意味を類推します。ネイティブは辞書を見て動詞の使われるパターンを学んだわけではないのです。

ネイティブは「意味」を手がかりに述語の型を決めています。みなさんも同じように「お気楽に」やっていきましょう。動詞の意味と伝えたい内容を考慮してパターンを選ぶ、それだけを心がければいいんですよ。

（注）もちろん初心者の段階では、えてして動詞のニュアンスをとりちがえがち（「want の意味」参照）。そうした段階では、英文を書くときに「こんな型がとれるのかなぁ」と調べてみることを強くおすすめします。

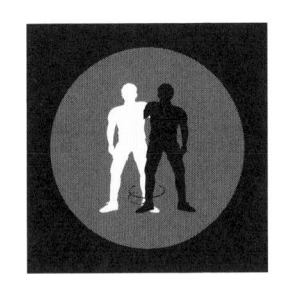

ピボット（1）
ピボットと並べる自由

ここで紹介する「ピボット (Pivot)」は、「力が及ぶ」パターンの応用です。ピボットと「並べる自由」を獲得するだけで、表現力が飛躍的にあがります。

ピボット（軸足旋回）の感覚

まずは次の文を吟味してみましょう。

I painted the wall red. （壁を赤く塗った）

この文は今までのどのパターンともちがいます。だけど新しいパターンを覚える必要はありません。パターン１（力が及ぶ V + ■）と基本原則、並べると説明 が組み合わされただけの文なんです。

この文はそもそも I painted the wall の文。「塗りました」ですね。その後ろに red が並べられています。２つ並べるとそこには説明関係が生まれるんでしたね。「壁 あかい」となります。この２つの形が同居して「壁を塗って赤くした」となっているのです。

I painted the wall red.

並べると説明

[29]

この文を作り出すネイティブの意識を追ってみましょう。みなさんがネイティブ同様感覚的にこのタイプの文を作り出せるように、です。

ネイティブはいうなれば「ピボット(軸足旋回)」の意識でこの文を作り出しています。バスケのピボット、ご存じですね。軸足を中心にクルクルッと回る動きです。

① 〈painted the wall . . .〉

「カベを塗る」。パターン 1 の形です。kick the ball とまったく同じ(ですからここは「目的格」ですよ、he なら him となります)。さてこっから . . .

② 〈the wall red〉

意識を the wall を中心にクルッと旋回して、the wall と red を並べます。これで「カベ(は)赤い」。「カベを塗って赤くする」のできあがりです。

それほどむずかしくはなかったでしょう? ですが、たった今みなさんが獲得した表現力にはたいへんなものがあります。

The truck **squashed** the hedgehog flat.
　(トラックがそのハリネズミをぺったんこにした)

I'll **make** the ground rules clear.
　(基本原則をあきらかにしておきましょう)

I **found** the soup too salty. (スープがすっごく塩辛いと思った)

どの文にも「並べる」ピボットの意識が通っています。squash, make, find の力が目的語に及び、そしてピボット。この呼吸をぜひマスターしてくださいね。

並べる自由を獲得すること

今までは、the wall **red**, the hedgehog **flat**, the rules **clear** など、形容詞を並べるだけの単純な例を見てきました。ですが、実際には**説明する要素ならなんでも並べることができます**。それがピボットのもつ表現力の高さなんですよ。

【形容詞】
honest
正直な
【前置詞】
in the room
部屋の中
【動詞原形】
cross the street
通りを横切る
【-ing】
crossing the street
通りを横切っている
【過去分詞】
stolen
盗まれた　　説明する要素

「説明する要素」とは一体なんでしょう。それは何かを説明するために用いられる文の要素。honest, in the room をはじめ、左にあげたものは全部何かの状態や活動を「説明」していますよね。そう、要するに**ありとあらゆるものが「説明要素」になる**ってこと。意味が許す限り自由にピボットを作ってかまわないんですよ。

たとえば動詞 find (見つける)を使ってピボット文を作ってみましょう。下線部と説明要素を並べるつもり、それが大切。

I found ¥1000 **in my pocket**.　　　　　　　　　　　【前置詞】
　(1000 円がポケットにあるのを見つけた)
I found Naoko **peeping through the keyhole**.　　【-ing】
　(尚子が鍵穴からのぞいているのを見つけた)
I found my office **broken into**.　　　　　　　　　　【過去分詞】
　(オフィスが荒らされているのを見つけた)
I found Miho **distraught**.　　　　　　　　　　　　　【形容詞】
　(美穂がひどく取り乱していることがわかった)

ほら、実に簡単に英語らしい文が作れますよね。それじゃもう 1 つ、今度は catch (捕まえる)。

I caught Toshi **in the girls' dormitory**!　　　　　　　【前置詞】
　(俊が女子寮にいるところを捕まえた)
I caught 2 students **cheating**.　　　　　　　　　　　【-ing】
　(学生2人がカンニングしているところを捕まえた)
I caught him **red-handed**.　　　　　　　　　　　　　【形容詞】
　(彼を現行犯で捕まえた)

要するに説明に使いたいものをどんどん並べていくってことですよ、楽勝でしょう？ ところで「説明する要素」は実はこれだけじゃありません。名詞だって説明語句として使うことができます。

I named the baby **Chris**.　(私はその子をクリスと名づけた)

この文は従来「第五文型」と言われてきた形です。ですがもうみなさんには単なるピボット文だということがわかるはずですね。name the baby (赤ん坊に名づける)の横にChrisを並べて説明、という呼吸です。「名づける」系の動詞は全部同じ呼吸。

People **nickname** Greg Norman 'The Shark'.
　(グレッグ・ノーマンはザ・シャークと異名をとっている)
I **tagged** him a loser.　(ヤツのことは負け犬って呼んでるよ)
The papers **labeled** him a thief.　(新聞は彼に泥棒のレッテルを貼った)

さてピボット、いかがでしたでしょうか。単に「並べる」という操作が英語という言葉にどれほど豊かな表現力を与えているのか、みなさんお気づきになったと思います。そして「並べる」意識をつかんだみなさんは、今までよりもはるかに膨大な表現力を手に入れたことになります。
　さあ次は、お待ちかね「知覚構文」「使役構文」をながめてみましょう。

ピボット (2)
いわゆる知覚構文

知覚(見るとか臭うとか聞くとか感じるとか)構文の正体はピボット

「知覚構文」と呼ばれた形があります。see, hear など、知覚をあらわす動詞がとる(特別な)形、と従来説明されてきました。次が代表的な例。

I saw Mary cross the street. (メアリが通りを渡るのを見た)
　　　目的語　動詞原形
I saw Mary crossing the street. (メアリが通りを渡っているのを見た)
　　　目的語　-ing

ははは。みなさんならひと目見てこの文が特別扱いする必要など何もない文だということがわかるでしょう？ そう、この形は単なるピボット。I saw Mary に、「説明する要素」cross the street, crossing the street が並べられているだけの形なんですよ。

I saw Mary ... で「メアリを見た」、ここで意識がピボットします。メアリがどういう状態なのを見たのかというと、cross the street (通りを横切る)。

そう、これらの文の呼吸は次のピボット文とまるで変わるところがないのですよ。

I saw Mary **angry as hell**. 【形容詞:メアリが激怒しているのを見た】
I saw Mary **on the street**. 【前置詞:メアリが通りにいるのを見た】

「知覚構文」などという特別扱いはもう必要ありません。他の動詞同様 see もピボットの形をとることができる、ただそれだけのことなのですよ。ものはついで。ここで動詞原形、-ing を使った文をいくつか出しておきましょう。ピボットの呼吸、さらにしっかりつかんでおいてくださいね。

Look at Hiroko's new sports car **go**!
　(浩子のスポーツカーが走るの見て!)
I listened to my new baby **gurgling contentedly**.
　(自分の赤ちゃんが満足げに喉をならすのに耳を傾けていた)
I felt the old chair **wobble beneath me**.
　(古い椅子がぐらつくのを感じた)
I smelt the lamb **roasting on the spit**.
　(串に刺さった羊の肉がローストされたにおいがした)
Have you ever known Martin **pay for a round**?
　(マーチンがみんなの飲み代払うの聞いたことあるかい?)

ピボットと that 文

ここでピボットと文 📖 のちがいにふれておく必要があるでしょう。I saw Mary cross the street. は一見 see の後ろに文が来ているように見えるかもしれませんが、"see (that) ... 文 ..." と混同してはなりません。三単現の -s や 過去形などの形になっていないことからもわかるとおり cross the street は動詞原形です。

📖 V +(that)文 (p. 25) 参照

a. I saw **Mary cross the street**.　　　　　　　　【ピボット】
　　（メアリが通りを渡るのを見た）
b. I saw **that Mary had no idea what was going on**.　【文】
　　（何が起こってるのかまったく判ってないように見受けられた）

ピボットと文がくる場合では意味がまったく異なっていることがわかりますね。a の see は「見る」、b の see はほぼ「理解する（= understand）」に相当します。

ピボットの意識を思い出してください。a はまず「メアリを見た（I saw Mary）」、そしてそれを cross the street が補足的に説明していきます。もちろん実際に見ているのですから、see は「見る」という意味にしかなりません。一方、V + that（文）は「報告」のパターンでしたね。

I know that Tom is guilty.（トムがやったということを知っている）
I think that Dave stole it.（デーブが盗んだと思ってる）
I realize that you don't trust me.（僕を信用してないってわかったよ）

「何を知って・思って・気がついているのかというとね . . . ということ」と、報告している感覚なのです。b は「. . . ということを see しました」。「見る」という単純な意味には当然なりません。

もう 1 つ例を出しておきましょう。この 2 つの形のあいだにある意識のちがいによく慣れておいてくださいね。

c. I heard **Sayaka play at your party**.　　　　　【ピボット】
　　（沙也加が君のパーティで演奏するのが聞こえたよ）
d. I heard **that Sayaka played at your party**.　【文】
　　（沙也加が君のパーティで演奏したって聞いたよ）

a, b とまったく同様の意味のちがいがあるでしょう。d は実際に音声を聞いたわけではありません。「聞き知った」つまり know に近い意味。hear that（文）という形から「. . . ということを hear しました」という意味になるからです。**文のパターンと意味は本当に密接につながっている**ことがここからもわかりますね。

ピボット (3)
いわゆる使役構文

使役(させるとかしてもらうとか)をあらわす

有名な「使役構文」も、実は単なるピボット文です。代表的な例をあげましょう。

I'll **make** my brother help me. （弟に手伝わせるよ）
I'll **have** my assistant explain the schedule to you.
　（アシスタントにスケジュールを説明させます）
I won't **let** you travel alone. （お前を1人で旅行には出さない）

作り方は簡単。だって単なるピボットですからね。

I'll make my brother . . . で「弟をこねこねする」。ここでピボット、「弟が私を手伝う」。それがこの文の意識。ここから「弟に手伝わせるよ」となります。

それぞれの動詞のニュアンスのちがいにふれておきますね。

■make はうむを言わさない

make は「作り上げる」。この動詞が使われると、非常に高い強制力をもった文ができあがります。「うむを言わさず」そんな感触がでてきます。当たり前ですね、こねこねするんだから。紙粘土でゴジラを作るとき、粘土君の気持ちを訊いたりしないでしょ。強制的に作り上げるんですよ。

I'll **make** my brother help me. （弟に手伝わせるよ）
He **made** the little girl cry. （小さい女の子を泣かせた）

ほら、どちらも**強い力が加わっている**のを感じるでしょう？　うーむ。上の例文、「弟」を考えると、ちょっと make は強すぎる表現かな。まぁ人間関係によるんだけどね。私なら、

I'll **get** my brother to help me.

あたりを使いそうです。get はなんらかの「行為」を想起させますから、頼みに行ったり説得したりしながら「働きかける」というわけです。

■have は汗くさくない

have のもつ性質を考えてみましょう。

I **have** a car. （車もってるよ）
I'll **have** lunch ready by 12. （昼食は 12 時までに用意するよ）

have は行為を連想させない動詞です。have a car からは何も動きを感じることはできません。have lunch ready（ピボットですよ！）もその延長線上にあります。買い物に行って・材料を用意して...などといった行為はこの文からは感じられません。苦労して・力を加えて、そんな汗くささと have は無縁。ただ単にある状況を **have** する――**自然に・自動的にそうなる**――といった感触なのです。

この感触で次の文を見てみましょう。

I **had** my secretary call a taxi. （秘書にタクシーを呼ばせた）

なんの力も加えていないことが感じられますね。ためしに上の make の文を have にかえてみましょう。

I'll **have** my brother help me.　　（弟に手伝わせるよ）

ほら、ニュアンスが変わってきた。「当然のごとく」って感じですね。

■let は許す

let は「〜させる」と訳すことがありますが、make や have とはまったく趣を異にします。make, have が誰かを動かすのにたいし、let は「許す・同意する」。もちろん短く小さい単語なので allow のような「ゆ・る・す」というしっかりした強い意味合いではありません。**すごーく軽い感触の「ゆるす」です。**

I won't **let** my daughter marry him.　（娘はヤツとは結婚させないゾ）
Let me make a phone call.　　　　　（電話させてくれ）

Mary が彼と結婚するのを、私が電話をかけるのを、「許す」ってことですね。有名な Let's ...（〜しよう）も、let の意味は変わりません。Let us（〜するのに同意してくれ）ということですからね。もともとは。

イヤミの理由

「使役構文」と呼ばれてきたものも、実は単なるピボット。使役の意味は構文などという文の形から生まれるのではなく、動詞そのものの意味から当たり前にでてきています。つまり「使役構文」などと呼ぶ必要などどこにもなく、**単に「make, have, let などはピボットの形でも使える」というだけの話**なのです。

すでにみなさんには、なぜ私が「いわゆる使役構文」「いわゆる知覚構文」と書いたのか、その理由がわかるはずです。イヤミなんですよ。

haveやmakeのピボットがおりなす豊かな表現のごく一部だけをつまみ上げて「使役構文」と特別扱いする。単なるmake、単なるhaveを「使役動詞」と命名し特別扱いする。こうした行きあたりバッタリな「説明」がいかに多くの学生から貴重な時間を奪ってきたことか。

　知覚構文も使役構文もありません。そこにあるのは豊かな動詞たちと、単なるピボットの形だけなのです。動詞の意味を正しくつかみ、ピボットのコツをつかむ。ただそれだけが重要なのですよ。

━━━第 1 章 「英文の骨格を決める配置感覚」まとめ━━━

　おつかれさま。英語は「並べることば」。テニヲハをもたない英語のもっとも基本的な感覚を受け入れること。それがこの章の目標でした。ずいぶん長い説明でしたが、文の骨格で大切なことは2つだけ。主語─述語の関係と述語内の配置。前者には英語の基本原則「並べると説明」がかかっており、後者には意味に結びついたさまざまなパターンがありました。

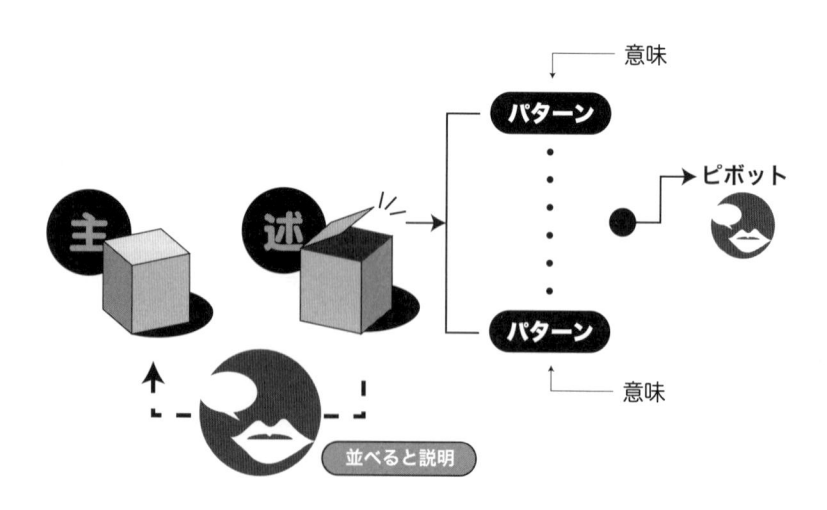

　とにかく並べる。並べたおす。この感覚をしっかりつかんでおいてくださいね。
　次の章では「配置の転換」を扱います。語順を変えるということ。並べるだけ、配置が命の英語にとって、語順を変えるという操作には非常に大きな意味があります。さあだんだんおもしろくなってきました。

Chapter 2
骨格を変形する

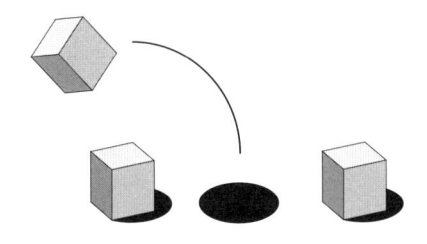

英語は配置のことば、だけど絶対ではない

英語は配置のことば。ですが、決まった場所から１ミリも動かせない、ということではもちろんありません。ことばというものは、それほど硬直したものではないのです。

Yesterday, I met Tom. (昨日トムに会った)

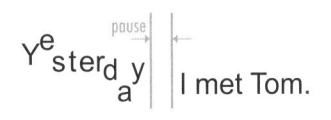

Y^e ster_d a^y | I met Tom.

yesterday の配置が移されていることがわかりますか？ 声に出して読んでみてください。yesterday の後ろを上げて、軽いポーズを置いて発音していますね？ I met Tom yesterday という元の位置から(強調のために)動かされているから、こういった発音になるのです。元の位置の yesterday はポーズを置かず滑らかに読まれます。

配置は絶対ではありません。ですが、こうしたいわば「離れわざ」は、もちろん基本的な配置が骨身にしみこんでいてこそ。配置の基本を身につけることが依然として大切なことは言うまでもありません。

配置転換さまざまなケース

配置の転換はさまざまな文章上の配慮からなされます。下の文では 部が本来の位置から動かされています。(もちろん初級者の人はこんな高度なことに悩まなくていいですよ。安心して読み飛ばしてくださいね！)

Her , I would die to have a date with.
(彼女とデートできるなら死んでもいいなぁ)
Any weakness you have , they will use.
(君のどんな弱さであろうと奴らはつけこんでくるぞ)

本来の位置は、have a date with her と they will use any weakness . . . ですよ。強調のために前に置かれています。

Our investigations should bring to light the motives of the killer .

(捜査が殺人犯の動機を明るみに出すはず)

本来の配置は... should bring the motives of the killer to light です。bring to light (明るみに出す) の分断を避け、つながりを滑らかに保つために文末に飛ばされています。

もしいつでも語句の配置が金科玉条のごとく守られていたらどうでしょう。文章の流れもわかりやすさも犠牲になるケースがたくさん出てきそうですね。名文など存在しようもありません。みなさんには配置を変えるさまざまなテクニックをぜひ身につけていただきたいところですが、ここではもっとも基本的なものを取り上げることにしましょう。

初心者も避けて通れない「主語―助動詞倒置」――疑問文

配置転換の多くは高度な英語力を必要とします。ですが1つだけ、どうしても基礎の段階から避けて通れない配置転換があるのです。それが「主語―助動詞倒置」――つまりは疑問文の配列です。

■(主語―助動詞)倒置の作り方

主語と助動詞 (be 動詞を含む) をひっくりかえす。

【助動詞がある場合】

May I __ enter the room?　　　　　　　　(部屋に入っていい？)

Have you __ finished your homework?　　(宿題終わった？)

(注) 何も説明はいらないでしょう。助動詞が主語の前に送られています。

【助動詞がない場合】

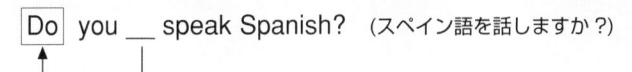

Do you ___ speak Spanish?　(スペイン語を話しますか?)

(注) 助動詞 do を文頭に置きましょう。助動詞 do は変化します。

Does he speak Spanish?　(彼はスペイン語を話しますか?)
Did he speak Spanish?　(彼はスペイン語を話しましたか?)

【be 動詞の場合】

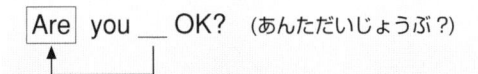

Are you ___ OK?　(あんただいじょうぶ?)

(注) love や kick など普通の動詞とはちがい補助的な働きしかもたない be 動詞は、助動詞と非常に似通った性質をもっています。疑問文においても助動詞として考えておきましょう。つまり他の助動詞同様、「前に送る」のです。

　おそらく多くの読者のみなさんは、疑問文形を自由に作れる英語力をお持ちのはずです。ですがそれだけで満足してはなりません。ここで「倒置」と見慣れない用語を使っているのは、この形が──実は──疑問文に限られた形ではないからです。そしてこの倒置という形には明確な意識がともなっています。その意識を身につけることが何より重要なのです。次の原則を手に入れておきましょう。

英語の基本原則 (2)

ふあんていなかんじょう

倒置は、主語の前に助動詞が飛び出したとても不安定な形です。この形の不安定は、実は感情の不安定につながっているのです。

基本原則

不安定な感情

倒置が起こり不安定な形になると...

感情
感情が高まる

　この章ではまず、倒置という形にともなう「感情の高まり」を理解しましょう。そのあと、倒置のヴォリュームゾーン疑問文のさまざまなバリエーションをご紹介します。

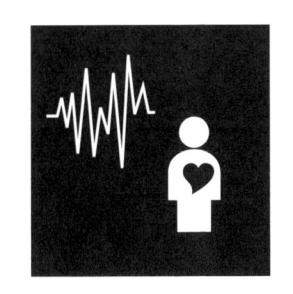

倒置は感情

疑問文だけではない

倒置は疑問文に限られない、びっくりした方もいたのではないでしょうか。でもこれは事実。生きた英語にふれていれば、それこそ何の疑問もなく受け入れることができる、ありふれた事実です。

Boy, am I starving!
　(ああ、お腹すいて死にそう)
Hasn't this place changed!
　(この場所すっごく変わってなーい!)

そして倒置には大きな感情の高まりが含まれることも、同時に理解することができるでしょう。

So do I のキモチ

いくつかの例を出しましょう。「倒置 ⇄ 感情」の強固なつながりをしっかりと意識していただきたいからです。まずは有名な So... の例。so の後ろで倒置が起こります。

■So... (...もです)

I love Bon Jovi.　　　　　　　— So do I.
(ボン・ジョヴィ好きなんだ)　　　　(僕も(好き)だよ)

(注) 形は疑問文同様、適宜変化させること。

I love Bon Jovi. — So <u>does</u> Kyle.　　　(カイルもだよ)
I am a big fan of Ichiro Toba. — So <u>am</u> I.　(僕も(大ファン)だよ)

さあ倒置が出てきました。 不安定な感情 を身につけたみなさんなら、日本語訳以上のものを感じていただけたはずですね。So (do I). は同意をあらわす決まり文句ながら、下の「平たい」文とくらべると生き生きとした感情がこめられていることが感じられます。相手の発言に触発されて「ボクもボクも」と飛びつく感触ですよ。

I love them, too.　(僕も好きです)

■Neither... (...も[ない])

I've not finished my homework. — Neither <u>have</u> I.
(まだ宿題終えてないんだよ)　　　　　(オレも)

(注) so と同じように作れます。否定(〜ない)的発言を受けて「〜も[ない]」

Neither... も So... とまったく同様、相手の発言に即応する感情の動きが感じられる表現。下の「平たい」文と比べてみてくださいね。

I've not finished it, either.　(僕もです)

実験君！

「倒置 ⇄ 感情」、だんだん飲み込めてきましたね。それではダメ押しで簡単な実験をやってみましょう。まったく感情がゆれそうもない状況で倒置の形を使ってみます。さて、どう響きますことやら。

【状況 ①】
取引先のアメリカ人にききました。「沖縄行ったことある？」よくある会話です。

Have you ever been to Okinawa?

*Never have I been there!

(行ったことなんてあるかっての！)

...あーびっくりした。あきらかにヘンですよね、こんな受け答え(*は不自然な文であることを示しています)。感情が高まらない文脈で倒置がヘンってことは...そ。「倒置 ⇄ 感情」なんですよ。ちなみに never have I... が自然なのは次のような状況。

【状況 ②】
会議中個人攻撃をされたあなたは叫びます。

Never have I been so insulted in my entire life!

(こんな侮辱は生まれてはじめてだっ)

その他の例

それでは最後に、みなさんが学校文法で慣れ親しんだ「倒置」の例をながめてみましょう。あらためてそこにどれほど豊かな感情が流れているかに気がつかれるはずです。

a. No sooner ... than　〜するとすぐに

常に倒置をともなうこのフレーズは、単なる客観的「AのあとすぐB」ではありません。そこには強い感情がこもっています。

No sooner had I said the words **than** I regretted them.
(そのことばを口に出したそばから後悔していた)

b. Had ...　　　　　　　　　　　= if ... had ... ,

Had you not acted so quickly, the damage would have been far greater.
(ああ、もし君が機敏に反応していなかったら被害ははるかに大きかったはずだよ)

仮定法です。「if 節の省略」などと呼ばれることもありますが、もう誤解したりしないでしょう？「省略」などといった「全部言うのがめんどくさいから」ではありません。そこには「ああもし〜だったらどうなっただろう」という強い感情が感じられているのです。

c. Rarely, Never, So ...　めったに・けっして〜ない・たいへん

これらは倒置を呼び起こしやすい典型的な語句です。「めったに」「たいへん」こうした否定・強調表現には容易に感情が宿りますからね。never はもうやりましたからそれ以外を。

Rarely have I seen such a flawless performance.
　(こんな一点の非の打ち所もないパフォーマンス、めったに見たことがない)
So strong was his desire to win that he practised around the clock.
　(彼は勝利への執着がたいへん強く、一日中練習していた)

　勘違いしてほしくないのは、強い感情が宿るから倒置が起こるということ。これらの語句と倒置の形が「規則で」結びついているわけではありませんし、倒置がこれらの語句に限られるわけでもありません。その他にも、いくらでも例をあげることができますよ。

My wife is sleeping. As was I!
　([奥さんへの夜中の電話を受けて] 家内は寝ています。私もなんだがね!)
Next to the piano was sitting a young woman dressed entirely in black.
　(ピアノの隣に真っ黒な格好をした女性が座っていたんだよ)
Only after searching for hours did I manage to find the missing document.
　(何時間も探したあと、やっとなんとか無くなっていた書類を見つけたんだ)

　大切なのはね、倒置と感情のつながりを理解するということ。その一点なんですよ。

■強い調子に限られない

　倒置には常に感情がこもります。ですが、それは常に強い調子を伴っているかといえば、そうではありません。たとえばみなさんがよく耳にする機会のある Should you... という表現。

Should you require any further assistance (If you should require...), do not hesitate to ask.
　(もしお手伝いさせていただけることがあるなら、ご遠慮なくどうぞ)

> ホテルなどでよく使われる表現。強い調子は感じられませんが、そこにはやはり感情が流れています。客に対してへりくだった態度を示したい、それを強調したいという感情。(　)内の「平たい」文とはずいぶん趣きがちがいます。

■

　さあ、それではいよいよ本題の疑問文に話を移しましょう。まずは疑問文の基礎固めから始めますね。

疑問文基礎

疑問文のキモチ

疑問文は倒置があらわれる典型的なケースです。

Does he speak Spanish? (彼はスペイン語を話しますか？)

あらゆる倒置が感情の動きをあらわすように、疑問文も「尋ねたい・知りたい・教えて」というキモチを運びます。

倒置はサポート

キモチを運ぶのは、文の形だけではありません。表情・イントネーションなど、すべてが総動員されます。ためしに表情だけでもどれほど文に「キモチ」が加わるのかをながめてみましょうか。

① **Yeah, right.** (はいはい)

この文は普通「うん。いいよ」と使われます。だけど写真を見てください。ここではそんなストレートなキモチで使われてはいません。とんでもないお馬鹿さんが「俺成績一番だったよ」。とんでもないブ男が「俺テレビの主役にスカウトされたよ」...あきらかにウソ。それを受けてあきれながら「はいはい(そうでしょ

[53]

うとも)」というキモチなんです。

② **Excuse me!** (ちょっとぉ)

Excuse me. (すみません)はご存じですね。だけどこの場合はちがいます。列を横入りされて「ちょっとぉ」。勝手に家に入ってご飯を食べている赤の他人に「ちょっとぉ」。そういう Excuse me. です。

③ **Come on!** (おいおい)

Come on! には状況によっていろいろな使い方があります。「おいおい、いいかげんにしてくれないかなぁ。だいたい君が参加しようって言ったからマラソンに参加したんだろ。スタートから 500 メートルで倒れられちゃ私の立場はどうなるんだい。まったくやってらんないよ」

こうした例は無数にあげることができますが、もう十分でしょう。キモチを伝えるためには、すべて総動員なのです。倒置という形はその大きな営みの中の、1つの要素にすぎません。「疑問」というキモチを運ぶための一手段と考えてください。実際、みなさんよくご存じのとおり、倒置を使わなくても簡単に疑問文を作ることができます。

疑問文イントネーション

疑問文は文末を上げて読むだけでも簡単に作ることができます。

You played soccer after school?　(⇧)　(放課後サッカーした?)

話し手の感情は文の読み方(イントネーション)にもっとも豊かにあらわ

れます。倒置を使わなくても大丈夫。文末を上げるかわりに、ちょっとした語句を付け加えていいですよ。

You played soccer after school, **right** (**yeah**)? (⇧)
(放課後サッカーしたよね、そうだろ?)
You played soccer after school, **huh**? (⇧)
(放課後サッカーしたよね、そうだろ?)

この場合「確認」のキモチが加わります。

疑問文への答え方

最後に疑問文にたいする答え方についてふれておきましょう。「標準的」答え方には一定のパターンがあります。簡単ですから下の表を見てご自分であみだしてくださいね。

疑問文	「はい...」	「いいえ...」
Do you have a pen?	Yes, I do.	No, I don't.
Did you play soccer?	Yes, I did.	No, I didn't.
Does he like dogs?	Yes, he does.	No, he doesn't.
Can he play the guitar?	Yes, he can.	No, he can't.
Are they students?	Yes, they are.	No, they aren't.

もうわかりましたね?

■疑問文への応答

疑問文にある助動詞 (be 動詞) を使って答える

ことが重要です。というか重要なのはそれだけ、ですね。

ただ、せっかく覚えてもらったのにナンですが、この「標準的」答え方にこだわる必要はまったくありませんよ。

「あなた浮気したのね」
「いいえ、しませんでした」
「それは本当ですか？」
「はい、そうです」

こんな会話は普通存在しません。ロボコンじゃないんだから。

「あなた浮気したのね」

「なぜそんなこと言うんだい？　君を裏切るなんて...嗚呼、ボクには想像すらできないよ。ほら見てごらん。君がほしがってたスウィートテンダイヤモンドだよ」

これが生きた会話です。「正式な」答え方にこだわる必要は何もありません。臨機応変。何も言わず、反省の面もちでうなずいてもいいし、怒って 'Nooooo!' でも 'No way!' (まさか)でもかまいません。それが生きたことばというものです。

疑問文のバリエーション (1)
否定疑問文

疑問文のバリエーション

疑問文には相手があります。当たり前のことですが、そのことが疑問文のバリエーションを生み出す原動力になっています。

「～したい？」と「～したくない？」はちがうでしょう。「彼はバカですか？」と「彼、バカだよね？」も、受ける感じがまるでちがいます。ここからしばらくいくつかの基本的な疑問文のバリエーションを研究していきましょう。

否定疑問文 (...じゃない？)

「そう思う？」というストレートな質問のかわりに「そう思わない？」と否定を加えることは日本語にもよくありますね。英語でもよく出てくるんですよ。作り方は簡単です。

【ふつーの疑問文】　　【否定疑問文】
Do you think so?　⇔　Don't you think so?
　(そう思う？)　　　　　(そう思わない？)

ほら、もうわかったでしょう？

■否定疑問文

文頭の助動詞あるいは be 動詞に not を加える。

Didn't you do it?　　（やらなかったの？）
Aren't you a writer?　（著述業ではないのですか？）
Can't you do it?　　　（できないの？）

否定文への答え方：not を勘定に入れない

否定疑問文を作るのはそれほどむずかしくはありません。気をつけなければならないのは、その答え方。普通の疑問文と比べてみましょう。

Do you like tennis? (テニス好き？)	Yes, I do.　　（好きだよ） No, I don't.　（好きじゃないよ）
Don't you like tennis? (テニス好きじゃないの？)	Yes, I do.　　（好きだよ） No, I don't.　（好きじゃないよ）

答えに注目しましょう。Do you ...? でも Don't you ...? でも**「答え方は変わらない」**ことに気がつきましたか？

「好きなの？」　　　　「いいや、好きじゃないんだよ」
「好きじゃないの？」　「うん、好きじゃないんだよ」

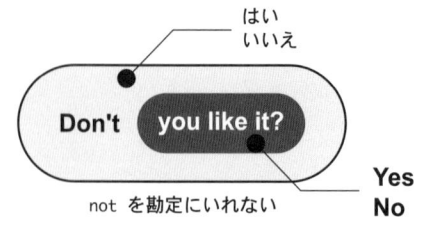

日本語は、否定でたずねられると「はい・いいえ」が逆転することば。「好きじゃないの？」と、否定を含めた全体にたいして答えるから逆転するのです。ですが英語は not を勘定に入れません (you like it の部分に応答するのです)。not があろうがなかろうが、yes, no の使い方は変

わらないんですよ。

　not を勘定に入れない、それは否定疑問文に限られた話ではありません。

■Of course not.

A: You're drunk. You're **not** going to drive home, are you?
(君は酔ってる。運転して帰るつもりじゃあるまいね)
B: Of course **not**. (もちろんさ)

　ここで not を加えるセンスをつかんでください。英語は受け答えにおいて not を勘定に入れないのです。ですから Of course と受けると——not 以外の部分を受けているのですから——Of course I'm going to drive home. という意味になってしまいます。「もちろんしないよ」なら、もう一度 not を明示してあげなければなりません。よい子は Of course not! と答えなければならないのですよ。

めんどうくさい？　そんなことはありません。受け答えするときに相手の not を無視すればいいだけですよ。

■Why not?

A: I don't want to go to the party. (パーティ行きたくないよ)
B: Why **not**? (なんで行きたくないの?)

　まったく、同じです。Why *not*? と not を加えてあげるのが標準的ですよ。

疑問文のバリエーション（2）
付加疑問文

付加疑問文（〜だよね）

「いい天気ですか」とストレートにたずねるかわりに、「いい天気です、よね？」など、**ちょこっと疑問のキモチを加えて同意を促します**。洋服のタグみたいにくっつけるから、Tag Question と呼ばれてます。日常頻繁に使われますよ。

■付加疑問文の作り方

「+」「−」を逆転させる。

Tom is nice, **isn't he**?　　（トムはステキ、だよね？）
　肯定(+)　→　否定(−)
Tom isn't rich, **is he**?　　（トムは金持ちじゃない、よね？）
　肯定(+)　→　否定(−)

(注)「トムはステキ」と言い切っておいて、そのあとちょこっと「だよね？」。「トムはステキですか？」と質感がまったくちがうでしょう？「タグ」の部分は軽くお願いします。添え物なんだから。Tom is nice, isn't Tom? これじゃ重いでしょ。すっごく不自然な文になってしまいます。上手に代名詞を使ってくださいね。イギリス英語だと isn't it? でも重くてめんどくさいから、It's fine, **innit**? (いい天気だよな)なんて形をよく使います。軽く、軽く、ですよ。

この形は not を上手に使うのが肝心です。最初の文に not がない(肯定

文)ときには、後ろの疑問に not を使います。not がある文ではその逆。

You played tennis, **didn't you?** （君、テニスしたよね）
He doesn't love Mary, **does he?** （彼、メアリが好きじゃないよね）
Vincent can play golf, **can't he?** （ヴィンセント、ゴルフできるよね）

「＋」「－」の理由

こんな面倒くさいことをする理由は、「肯定・否定どちらか一方に決めない」ことにあります。「トムはいい人だ」に「そうじゃない？」を軽く添えて相手に選択させる(右図)。そこに同意を求めるキモチが宿るのです。

付加疑問文には 2 通りの読み方があります。「彼ってステキ。そうだよね」と自信をもっているときには(下げて)読みますが、「彼ってステキ。でしょう？」と相手にたずねるキモチが強くなると(上げて)読みます。このあたり、日本語とまったく事情は変わりません。

ちょこっとくっつける仲間

付加疑問文にかぎらず、ちょこっと文末に添えるタイプの疑問文はたくさんあります。

Speak English, **will you?** (英語しゃべってくれない?)
Let's speak English, **shall we?** (英語しゃべろうよ、いいよね?)

それぞれ **Will you . . . ?** (〜してくれない?)、**Shall we . . . ?** (〜しましょうか)を文末につけているだけです。そ。ちょこっとね。

ちなみに、Shall we . . . ? は疑問文特有のやわらかさをもった表現です。「〜しませんか」相手の意向をたずねている分、アタリがやわらかいのです。それにたいし Let's . . . は、「やろうぜ!」と強く相手を引っ張る表現。この組み合わせで上の文は「. . . しようよ、いいよね」と、最後に相手の意向をちょこっと尋ねる文になっているというわけです。

ちょこちょこっと疑問の意味を添える、日本語と変わるところはありません。どんどん使ってみてください。たとえば私は次のような文をよく使います。日本語と同じ呼吸でしょう?

This book's great, **don't you think?**
 (この本はいい、って思わない?)

疑問文のバリエーション (3)
あいづち疑問

あいづちをうつ。ただそれだけの疑問文

これはおまけ。会話でよく使われるあいづち疑問です。

「昨日浮気がバレちゃってねぇ」「へぇ。そうなの？」

これがあいづち。もちろん **Oh, really?** なんて具合に聞き返してもいいのですが、今まで身につけた疑問文を使ってあいづちを打つこともできるのです。簡単ですよ。

■あいづち疑問の作り方：相手の発言を疑問文にして返すだけ

I ran into Kyoko in Shinjuku. — Oh, **did you?**
　(京子にばったり会ってねえ)　　(へぇ。そうなの？)
I love Ferraris. — Oh, **do you?**
　(フェラーリ好きなんだ)
He speaks English. — Oh, **does he?**
　(彼、英語話すよ)
Tom can speak Chinese. — Oh, **can he?**
　(トム中国語できるよ)
I'm broke! — Oh, **are you?**
　(一文無しなんだよ)

ほら、簡単でしょう？ 反射的に出るかどうか、それが問題ですが。

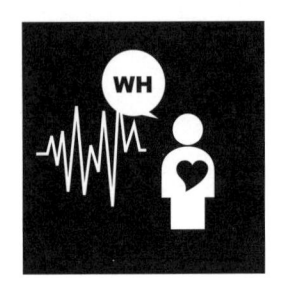

疑問文のバリエーション (4)
WH 疑問文

欠けている情報を求める疑問文

疑問文は、相手に「はい」「いいえ」を求めるものだけではありません。自分が知りたい——欠けている——情報をたずねるタイプの疑問文もよく使われます。

　　<u>どこで</u>タバコすってきたの？
　　<u>どうやって</u>手に入れたの？

こうした疑問文は、英語では wh 語 (what, where, when など)を使って作ります。

Wh 疑問文の仕組み

まずは簡単に wh 疑問文の仕組みを理解しておきましょう。
何か知りたいとき、情報が欠けているとき、もっとも原始的な方法は、その場所に**穴を開けておく**ことです。

　　You like . . . er . . .　　(君が好きなのは、んーと . . .)

これでも立派な英語。この文にネイティブは敏感に反応しますよ。
Yeah, sashimi! I like sashimi. (うん、刺身。刺身が好き)なんて具合に、

[64]

です。

ネイティブもときとしてこういった原始的な文を使いますが、あまり親切な文とは言えません。まず相手には**どういった情報を知りたいのか**――モノなのか人なのか――が伝わりません。また**平叙文の形をしている**ので、そもそも質問なのかひとりごとなのかすら定かではありませんね。この 2 点を克服し洗練された疑問文の形、それが wh 疑問文なのです。

wh 疑問文を、ただ穴を開けただけの文と比べてみましょう。2 ヵ所洗練され、ずっとわかりやすくなっています。これが情報を求める疑問文の基本形です。

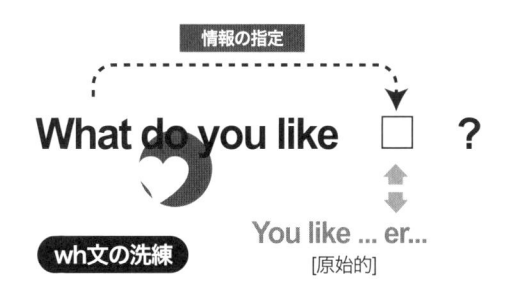

[情報の指定]

What do you like □ ?

wh文の洗練

You like ... er...
[原始的]

(注) 文頭に wh 語を置きます。wh 語は欠けている情報の種類をあきらかにしています。what は「何」。また、さらに倒置が行われていますね。ここからこの文が疑問文であることがあきらかにされています。「何好きなの？」ですね。

Wh 語の種類

wh 語には次のものがあります。欠けている情報の種類によって使い分けてくださいね。

	例	欠落情報
what	**What** do you have? (何もってるの?)	「何」ものなど
who	**Who** is he? (あの人誰?)	「誰」人
which	**Which** does he like? (どれが好きなのかな?)	「どれ」選択
when	**When** did you play soccer? (いつやった?)	「いつ」時
where	**Where** did you go? (どこ行ったの?)	「どこ」場所
how	**How** did they do that? (どうやってやった?)	「どう」程度・方法
whose	**Whose** is that? (あれ誰の?)	「誰の」所有
why	**Why** do you like her? (なんで好きなの?)	「なぜ」理由

さて、これでもっとも重要な基礎はできました。あとは上手に使いこなすヒントをいくつか。参考にしてくださいね。

Tip 1　主語をたずねる場合

主語をたずねる wh 疑問文は、作り方が少しだけ他とちがっています。

Who loves you?　　　　　(誰が君のこと愛しているの?)
What happened next?　　(何が次に起こったの?)

倒置が起こっていないことに注意しましょう。倒置が起こらないのは、主語をたずねる文には、もともと主語がないから。「主語と助動詞をひっくり返」そうにも、ひっくり返しようがありません。だからそのまんま(動詞は三単・現在の場合 -s がつきます)。... こんな理屈はどうでもいいです。だけど上の形はしっかり頭に入れておく必要がありますよ。

Tip 2　日本語とのちがい

どうでもよくないのは、こちらのポイントです。パフォーマンスに直接関わってきます。

wh 語は、日本語と英語が大きく異なる点の 1 つ。日本語は情報の欠けている穴に直接 wh 語（「誰」）を放り込みますが、英語の wh 語 (who) は常に文頭。このことは、wh 語の場所からだけでは何がたずねられているのかがわからないことを意味します。□の場所を理解しなければ、「誰を」と like の目的語をたずねられていることがわからないのです。

あなたは□が好き？

Who do you like □？
文頭

Tip 3　穴はどこにあるの？

それでは次の文を正しく解釈してみましょう。

a. Who do you like?　　　（誰をあなたは好きなのですか？）
b. Who loves you?　　　（誰があなたを好きなのですか？）
c. Who did you talk to?　（誰にあなたは話しかけたのですか？）

全部できたなら心配いりません。英語の感性がすでに育っています。あ、できなかった？　ご心配なく。すぐにできるようになります。やり方は簡単。 who は人をあらわす、つまり名詞をターゲットにする wh 語。だから名詞が欠けている場所を探すのです。a は like の後ろ（目的語）、b は loves の主語、c は前置詞の後ろ（目的語）が欠けていますね。そこを who はたずねていることになるというわけ。

> a. Who do you like □?
> b. Who □ loves you?
> c. Who did you talk to □?

それではレベルを上げましょうか。□を探してくださいね。それが who のターゲット。

> d. Who does your daddy love?　（お父さんは誰を好きなの？）
> e. Who do you think your daddy loves?
> 　　　　　　　　　　　　　　（お父さんは誰を好きだと思う？）
> f. Who do you think loves you?　（誰があなたを好きなんだと思う？）

> d. Who does your daddy love □?
> e. Who do you think your daddy loves □?
> f. Who do you think □ loves you?

要領はまったく同じです。名詞があるべきところにない、そんな場所を探すのですよ。すぐに理解できなくても気にしないこと。全部スラスラわかるような初心者なんていやしません。特に会話で反射的に理解するには相当な英語力が必要です。というのも、ネイティブは穴ぼこが空いているからといって、それを発音上で示したりはしないからです。

Who do you think □ loves you?

この文はひと息に読まれます。□の位置で親切に空けてなどくれません。

ことばは慣れです。今はむずかしく感じられるかもしれませんが、穴ぼこを意識しながら何度か口慣らしすれば簡単に身についてしまいます。そしてまた是非身につけてもらいたいのです。ネイティブなら4歳児でもできることなんですから．．．。

Tip 4　Wh 疑問文への答え方

What do you have? — I have a pen. (私はペンをもっています)

「何もってんの？」の答えで一番懇切丁寧なのがこれ。だけどこだわることはありませんよ。A pen. だけでも大丈夫。「うるせーなー」と思ったら、

That's none of your business. Get lost!
　(おめえの知ったことかよ。あっち行け)

でもいいですよ。だけどね、Yes/No で答えるのだけはやめてください。「何もってんの？──はい、そうです」これじゃ意味をなしませんから。

Tip 5　かたまりが単位

さて、長らく続いた wh 疑問文のヒント、最後は「かたまり」です。wh 語は単独でだけ使われるのではありません。「かたまり」で使うこともできるのです。

How old are you?　　　　　— I'm fifteen.
　(おいくつですか？)　　　　　　(15 歳です)
How tall are you?　　　　　— 6 foot 3.
　(身長はいかほど？)　　　　　　(6 フィート 3 インチです)
How much is this?　　　　　— 300 yen.
　(これいくら？)　　　　　　　　(300 円だす)
Whose gloves are those?　　— They're mine.
　(誰の手袋？)　　　　　　　　　(わしの)
Which subject do you like?　— I like history.
　(どの教科が好きですか？)　　　(歴史です)

How に形容詞を加えて「どのくらい(背が高い・年取っている)」などは、みなさんご存じでしょう。コツは「wh 語を含んだフレーズ」ごと前に置く、ということ。how old は very old と同様の、whose gloves は my gloves と同様の「かたまり」になっていますね。かたまり全体を大きな wh 語としてとらえ文頭に置いてください。それさえ守ってもらえればあとは自由。

What kind of car do you like?　　　(どんな(種類の)車が好きなの?)
For what purpose has he come?　(何の目的で彼は来たんだ?)
Where in London does she live?
　(彼女が住んでいるのはロンドンのどこ?)
Who out of all the famous soccer players in the world do you like best?
　(世界で有名なサッカー選手のうち誰が一番好きですか?)

WH 文

いつも疑問文なわけではない

　おつかれさま。wh 疑問文たいへんでしたね。ここはワンポイント。「wh があるからといっていつも疑問文とは限らない」というお話。wh 疑問文の成り立ちを思い出してください。

　What **do you** like?　(何が好きですか?)

　wh 疑問文には——疑問文であることから当然——倒置が含まれていましたね。倒置が含まれていなければ、疑問文ではなく wh 語を使った単なる文。整理しておきましょう。

■倒置のある場合・ない場合

　A. 倒置がある形 → 疑問文
　　　　What **do you** like?　(あなたは何が好きですか)
　B. 倒置がない形 → 疑問文ではない
　　　　what you like　　　　(あなたが何を好きなのか)

(注) B の形は単独で文を作ることはありません。いつも大きな文の「部品」として使われます。

　a. I don't know **what you like**.　(君が何を好きなのか知らない)
　b. I'm not interested in **how you did it**.
　　　(どうやってそれをやったのかに興味はない)

c. **Where you live** is not my main concern.
(君がどこに住んでいるかは私の関心事ではない)

間接疑問文

Do you know **where Tom lives**?
(トムがどこに住んでいるか知ってる?)

 ちまたでは、このタイプの文は間接疑問文と呼ばれています。「トムはどこに住んでいるの?」と直接きかないで、「トムがどこに住んでいるのか知ってる?」と間接的にたずねているから、ということらしいです。なんじゃそりゃ。
 みなさんならもう、この文がそれほど特殊なものではないことがわかるはずですね——単に Do you know に wh 文、where Tom lives (トムがどこに住んでいるのか)を続けただけのことです。キモチは Do you know him? とまったく変わるところがありません。特別扱いの必要はないんですよ。

 蛇足ですが、where 以下ではもちろん倒置は起こりません。「どこに住んでいるのか」は質問内容ではないからです。あくまでも知っているかどうかをきいています。だから答えの基本は、Yes/No. . . .だけどそれだけじゃちょっと薄情ですよね。

Yeah, somewhere in London, I think. (うん。ロンドンのどっか)

 こんな答えがいいでしょう。だって相手は本来場所が知りたいんですから。

疑問文のバリエーション (5)
聞き返し疑問

聞き返しの決まり文句

相手の言うことがよく聞こえない。うまく理解できない。こんなことはよくありますね。「え？ 今なんて言った？」「どこ行くって言った？」これが聞き返し。まずは決まり文句から。

■聞き返しの決まり文句

　　a. Sorry? (Excuse me? / Pardon?) 　（ごめん[何て言った]？）
　　b. I beg your pardon? 　　　　　　（もう一度おっしゃっていただけますか？）
　　c. Once again, please. 　　　　　　（もう一度お願いします）
　　d. Come again? 　　　　　　　　　（え？ もう一度）
　　e. What did you say? 　　　　　　 （なんて言いました？）

　　(注) b は a に比べるとずいぶん丁寧な表現です。e はもちろん 'What?' だけでも大丈夫ですよ。日本語を考えてもらえればわかると思うのですが、「何」はイントネーションによっては「なんか文句あんのか」ぐらいの意味合いにまでなってしまったりします。気をつけてくださいね。特に 'You what?' は「てめー、何なんだよ」になるのでご注意ください。

さてここからが本番。上はどれも発言全体の繰り返しを求めていますね。ですが、wh 語を使えばもっと「ピンポイント」で聞き返すことができるのです。

Wh 語による聞き返し

作り方は簡単。

■Wh 語を使ったピンポイントの聞き返し

うまく聞き取れなかった箇所を wh 語に置き換える。

〈例〉
I stayed in London.　　　　　　— You stayed **where**?
　(ロンドンにいたよ)　　　　　　　(どこにいたって?)
They will arrive on Friday.　　 — They will arrive **when**?
　(金曜日に到着するよ)　　　　　　(いつ到着するって?)
I bought a nice camera.　　　　— You bought a nice **what**?
　(いいカメラ買ったよ)　　　　　　(いい何を買ったって?)
I stayed there for two weeks.　— You stayed there for **how long**?
　(そこに2週間いたよ)　　　　　　(どのくらいいたって?)

むずかしくないでしょう? 場合によっては2ヵ所を聞き返すことも可能です。

Tom loves Mary.　　　　　　　— **Who** loves **who**?
　(トムがメアリを好きなんだって)　(誰が誰を好きだって?)

原理的には何ヵ所聞き返してもいいですよ。だけどあんまりたくさんはやめてください。

Hanako slapped Taro hard in front of the school gate.
— What? **Who** slapped **who how** in front of **where**?
　(花子は校門の前で太郎にひどく平手打ちを食らわせたんだ。
　——何? 誰が誰をどのようにどこで平手打ちしたって?)

「人の話、ちゃんと聞けよな」と怒られますです。

聞き返し疑問のイントネーション

聞き返し疑問は例外的なイントネーションをとります。その前に、まずは基本のイントネーションから説明しましょう。

疑問文のイントネーションは2通りあります。wh 疑問文以外は「↑」(上昇調)。これが基本です。

> **Do you like dogs?** 【wh 以外】
>
> **What do you like?** 【wh 疑問文】

それでは次に聞き返しの場合。wh 疑問文であっても、聞き返しのときには上昇調になるんです。

> **What did you say?** 【wh 疑問文】
>
> **What did you say?** 【wh 聞き返し】

上は普通の「(そのときあなたは)何を言いましたか？」。もちろん下降調ですが、相手の発言が聞き取れない場合はちがいます。「ん？ ん？ なんつった？」、この場合は上がります。反射的に聞き返して「ん？」。やっぱり上がる方が自然ですからね。

感嘆文

前に置くということ

　この章、最後は主語—助動詞倒置とは離れて、もう1つの重要な骨格の変形——前置(文頭に置く)——について感覚を深めてみましょう。

　この章の冒頭であげた例文を思い出しましょう。

　Any weakness you have, they will use any weakness you have.

　前置という操作には常に強調がともないます。文頭という、スポットライトが当たる一等地に要素を引き出すのですから、まぁ当たり前の話ですね。

　Yesterday, I lost my wallet yesterday. 　(昨日財布なくしたんだ)
　From my own daughter, they got the information from my own daughter.
　(よりによってオレの実の娘から聞き出したんだ)

　程度のちがいこそあれ、前に置かれた要素には常に強調の光が当たっている、ここまではいいですね？
　これから説明する「感嘆文」と呼ばれてきた形は、この延長線上にあります。

感嘆文

感嘆文は、what や how をつけることによって、いわば**「強調のダメ押し」をする形**です。まずは単純な前置きの例をながめてみましょう。

Oh, a nice camera you've got there a nice c . . . !
(いいカメラ買ったじゃない)

このままでも完全な文ですが、感嘆文はこの形に what, how を加え、見紛うことなくクッキリと「驚き」のキモチをあらわします。

What a nice camera you've got there!　(なんていいカメラ買ったの!)

■what と how どちらを選ぶか

what は「モノ」など、名詞をターゲットにした wh 語。この場合も、名詞に感嘆する場合に使います。一方 how を使った感嘆文もあります。how は「程度」でしたね。程度に(ということは「美しい」など形容詞や「速く」など副詞に)感嘆するんですよ。

What a beautiful voice she has!　(なんと美しい声をしているんだろ)
　　　　名詞
How beautiful her voice is!　(なんと美しいんだろ。彼女の声)
　　　形容詞

もちろん完全な文を使わなくても大丈夫。what/how のおかげで紛れなく感嘆のキモチが伝わります。

What a game!　　(なんて(すごい)試合だ!)
How gorgeous!　　(すっごいステキ!)

第2章 「骨格を変形する」まとめ

配置が命の英語にとって、語順の変更には大きな意味があります。この章ではもっとも基本的な「主語―助動詞倒置(疑問文形)」について学びました。この操作には常に色濃く感情の動きが伴います。形の不安定と感情の不安定が並行する、実に生き生きとした形であることが理解できたことと思います。

What **do you** like?

Don't you like it?

Never **have I** been...

Boy, **am I** starving!

So **does Kyle**.

さあ英語の骨格―骨格の変形と理解は進んできました。そろそろみなさんの英語にもしっかりとした背骨が通ってきた頃ですね。次は「修飾」を取り扱いましょう。骨格を豊かに展開するいくつかの手法。楽しみでしょう？

Chapter 3
修飾する

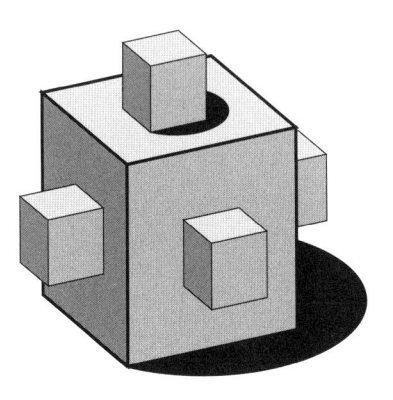

「骨格」「骨格の変形」の説明が終わり、次は「修飾」。文のさまざまな要素を「限定」したり、「説明を加え」たりするいくつかのテクニック。それをこの章では学んでいきましょう。

3 種類の修飾

「修飾」とひと口にいっても、英語には大きく分けて 3 種類の修飾があり、それぞれは大変異なった感覚に基づいています。

1) That is a **big** dog.
2) That dog is **big**.
3) This is the dog **my father loves**.

おそらくみなさんにとって、何も目新しいところのないこの 3 つの型を深く理解することによって、みなさんの英語知識を実践に向けて整理することができるのです。

1) 前から修飾する: 限定の修飾

「英語は並べることば」——それをもういちど思い出しましょう。英語は日本語とちがい、ただポンポンと要素をそのまま配置することによって文を作ります。こうしたことばにとって、**修飾する要素を「前に置く」か「後ろに置く」かはとても大きな意味をもっている**のです。次の文を見てみましょう。

??**Busy** John gets up early in the morning. (忙しいジョンは早起き)
John is **busy**. 　　　　　　　　　　　　(ジョンは忙しい)

busy John。実に奇妙な表現ですね。John is busy が自然な表現であることを考えると、「前から」の修飾と「後ろから」の修飾にはちがった機能があることがわかるはずです。まずは前から修飾する、その意味を説明しましょう。

基本原則

前は限定

修飾語を前に置くと

修飾語 ➡ ○

⬛ ➡ は ○ を限定します

限定

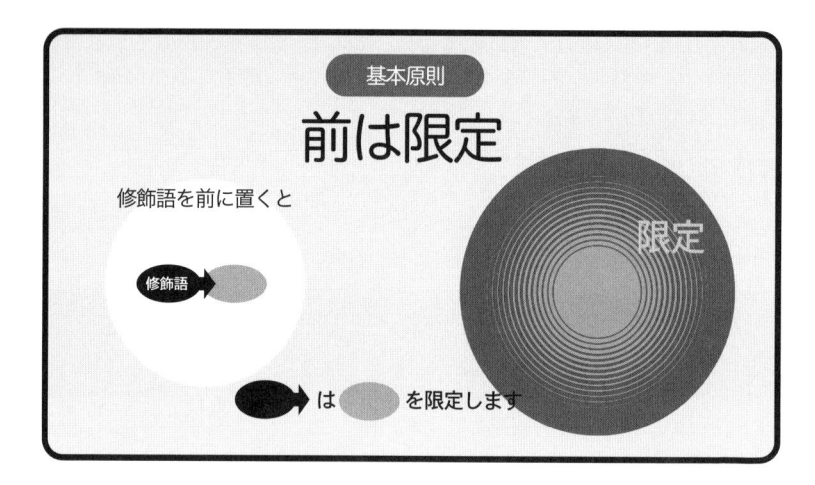

　修飾語を前に置く、**pretty** girl（かわいい女の子）、**busy** man（忙しい男）、**very** tired（とても疲れた）...そこには共通した意識がともないます。それは**後ろの語句を限定する意識**です。busy man を例にとって説明しましょう。

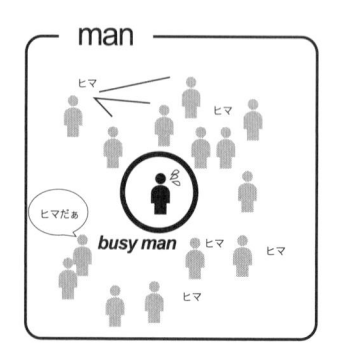

　busy man において busy という修飾語は、単なる「男」ではなく「忙しい男」と限定的に働いていますね。もちろん busy など「形容詞」に限った話ではありませんよ。

I'm **very tired**.

　very は副詞ですがやはり busy man と同じように、tired のレベルを限定していることがわかりますね（単に疲れたのではなく「非常に疲れた」）。品詞に限らず前に修飾語を置く場合、常にこうした「力」が後続する語句にかかっている感触があるのです。

　さて先ほどの問題に移りましょう。なぜ busy John はありえない表現なのか。それは John を限定することができないからです。「いろい

ろジョンがいて、そのうちの忙しいジョン」と busy man の要領で限定することが不可能だからですよ。

□この基本原則に関連して次の代表的なケースを解説します。
① **形容詞・程度副詞・頻度副詞**
「前は限定」の原則を、基本的な語句を用いながらもう一度確認します。
② **否定**
not は後続の要素を「打ち消す」修飾です。これも「前は限定」の例
③ **数詞・冠詞類(限定詞)**
a, the などの語句は後ろの名詞の意味を限定する働きをもっています。

2) 後ろから修飾する: 説明の修飾

次は修飾語句を後ろに置いてみましょう。

John is **busy**.

John を busy が修飾しています(もちろん be 動詞に意味はありませんよ)。さてここに「限定」の意味合いはあるでしょうか。busy は単に

基本原則

並べると説明

2つの要素が並ぶと

前
後

説明

後 は **前** を「説明」します

John を「説明」しているにすぎません。...っともう思い出していただけましたね。これは第 1 章でやった「並べると説明」。同じ原則がもちろん修飾にも当てはまるというわけです。

□「並べると説明」は第 1 章でくわしくご紹介しました。この原則は修飾にとっても欠くことのできない重要な働きをになっています。さまざまな説明修飾の例をあげて説明しますね。

3) 穴埋めによる修飾

中島らも: ...要するに人間て欠けてるでしょう。どう言ったらいいのか...。
東海林さだお: 欠けてるって？
らも: 何か自分に欠けてるとこ。そこを何かで埋めたいっていう欲望があるでしょう。それがお酒だったりするんだろうと思うんですけど。
さだお: 欠けてるとこをお酒で埋める？
らも: 欠けてるとこを補充したいという意識があるんだろうと思うんですね。それがお酒だったり、盆栽やってる人だったら盆栽だったりするんじゃないかなあと。あるいは子供の教育だったりね。
さだお: 子供の教育というのはわかるんだけど、盆栽ってのがよくわからないな(笑)。盆栽の部分が欠けてるわけですね、その人は。
らも: 盆栽で埋めてるわけですよ。
さだお: 埋まるわけですね、盆栽で。それがお酒の人はお酒で埋まると...

(東海林さだお『のほほん行進曲』文春文庫)

ははは。突然の引用、わけわかりませんね。ごめんなさい。でも人間、欠けてるものを見ると「埋めたい」という意識が本能的に働く、それは一般的な事実のように見受けられます。この「穴埋めによる修飾」はそうした心理が働いている修飾パターン。**「欠けている ⇔ 補う」という関係が強固な修飾関係を作っている**ケースです。
　まずは日本語で考えてみましょう。

私の父が好きな犬

「私の父が好き」が「犬」を修飾しています。「私の父が好き」には、「何が」好きなのかが欠けており、その欠けている部分に「犬」がすっぽりと入りこむことによって修飾関係が成り立っています。英語でもこの呼吸はまったく同じなのです。

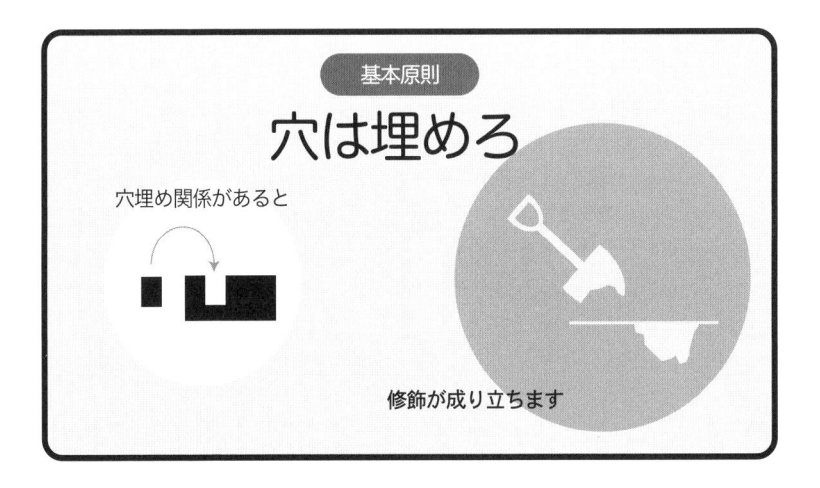

基本原則
穴は埋めろ

穴埋め関係があると

修飾が成り立ちます

□ここでは wh 語による修飾を中心に「穴を埋めろ」の原則に習熟していただきます。

前は限定 (1)
限定修飾

前に置く意識

　意識の問題です。「前に置く」「後ろに置く」そのちがいに必要以上に神経質になる必要はありません。中学校の文法を終えたみなさんならおそらく、かなりの正確さで使い分けているはずです。それでもなお私が——ともすれば瑣末な問題のように思える——修飾の方向を話題にするのは、基本的な「意識」を身につけていただきたいからです。正しくネイティブと同様の意識をもつことによって、英語の修飾をより気楽に使いこなせるようになっていただきたいからです。

　ここではまず限定修飾を取り上げましょう。前という場所はパワフルな位置。後続する表現を限定する、大きな力をもった位置なのです。

名詞を修飾

A: Get me a jacket from the closet.
　　　　　　　　　　　　(クロゼットにあるジャケット取ってきて)
B: Er . . . the **black** one?　(黒の?)
A: No, the **red** one.　(ううん。赤いやつ)

　限定修飾の本来もつ性質がもっともきわだつのは、こうしたコントラストのついた文でしょう。「黒じゃなくて赤」。前位置の修飾は他から

「分け隔てる」意識をともなっています。jacket の種類を限定し他と分け隔てる、red jacket にはそうした強い力がこもっているのです。

英語には置く場所によって、意味を変えるおもしろい形容詞がいくつかあります。present (現在の、出席して)はその代表例ですが、ここからも前に置く意識をかいま見ることができます。

The **present** situation is rather chaotic. 【前】
He was **present** at the party. 【後】

前に置かれた場合、present は種類限定の意味合いで使われます。つまり「(過去・未来ではなく)現在の状況」。一方、後ろに置かれた方は単なる説明──「彼は出席しているよ」。位置にたいする意識がしっかりと生きていることがわかるでしょう。

ちまたには「1 つの単語による修飾は前から、2 語以上なら後ろから」というなんだかよくわからない「規則」が流布されているようですが、それは本質的な話ではありません。いくら長くても種類を限定し他と分け隔てる修飾なら、前にくるのです。

I didn't realize there was so much **behind-the-scenes** lobbying.
　(表面に出てこないロビー活動がそんなにあったとは気がつかなかった)
He remained **behind the scenes**.
　(彼はおもてだっては出てこなかった)

behind-the-scenes lobbying は、どういった種類のものなのかと「ロビー活動」を限定する表現になっていますね。一方後ろに置かれると、単に彼 (he) の様子を説明しているだけ。長さで区別しているわけではないんですよ。このように数語にわたって前から修飾する語句はたくさんあります。

A **6-year-old** kid beat me at chess! (6歳児にチェスでやられた)
Kevin is a **play-it-by-the-book** kind of person.
(ケビンは杓子定規なタイプだ)

どちらも kid, kind of person をカリッと限定しているでしょう？だから前なんですよ。

■長くったって前にくるのさ

種類を限定する。それが前からの修飾の特徴です。そうした意味合いをもつならいくら長くてもかまいません。「長い→後ろから」はとうてい英語の実情を反映しているとは言えないのです。

once-in-a-lifetime opportunity （一生に一度の好機）
made-to-measure suit （あつらえたスーツ）
no-win-no-fee basis （負けたらお金は頂戴しません方式(弁護士とか)）
no-win-no-lose situation （勝者も敗者もない状況）
no-holds-barred attitude （なんでもやるぜの態度）
back-to-basics approach （基本に立ち返るといったアプローチ）

名詞以外の修飾、だけど意識は同じ

名詞以外の修飾であっても、前に置いて限定する意識は同じです。まずはもっとも単純な程度をあらわす副詞を例にとりましょう。

My sister is **very** good at science.

まちがっても ×good very とはなりませんよね。それは very が good のレベルを限定しているからです——「(まぁまぁ良いのではなく)とても良いんですよ」。その他、程度をあらわす単語はどれも同じように前から修飾します。

■程度副詞の定位置

修飾したい語句の前に置きます。

He is { **so** すごく / **very** とても / **rather** かなり / **pretty** かなり / **quite** かなり } stylish. (あの人かっこいいわ)

(注) 程度副詞の微妙なニュアンスの差は続編で詳しく解説します。

次は頻度副詞。そう「いつも・しばしば」と頻度をあらわす表現です。

■頻度副詞の定位置

頻度副詞は動詞の前が基本位置。

They **always** go to church on Sundays.

(日曜日にはいつも教会に行く)

~~Always~~ they **always** go to church ~~always~~.

なぜ頻度副詞の定位置は動詞の前なのか不思議に思ったことはありませんか？ 理由はもうわかりますね。この種の単語は述語のあらわす意味を狭く限定する働きをもっているからですよ。

	always	いつも	
	often	しばしば	
He	sometimes	ときどき	goes to school.
	rarely	めったに〜ない	
	never	けっして〜ない	

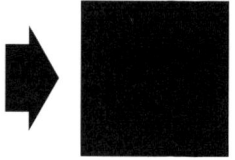

述語

always goes to school　　*often goes to school*　　*sometimes goes to school*　　*never goes to school*

　単に「go to school する」ではなく、「ときどきするんだ」「けっしてしないんだ」と go to school するケースを限定している、だからこそ頻度副詞はその「前」に配置されているのです。

ALWAYS
go to school
頻度副詞

　繰り返します。みなさんは「前」「後」という修飾方向にそれほど神経質になる必要はありません。ただ前という位置のもった「限定」の力強さを意識の中に入れてもらえればそれで十分ですよ。

前は限定 (2)
否　定

notという単語を解説しましょう。notが修飾表現だと考えることによって英語の否定がクッキリと理解できるようになるんですよ。

否定文

まずは否定文の作り方を復習しましょう。疑問文同様 (p. 44)、be を助動詞として考えればあとは簡単。

■否定文の作り方

助動詞(be 動詞を含む)の後ろに not を置く。

I am **not** a cheat.　　　　　　(僕は詐欺師ではない)
Jasmine ca**n't** play tennis.　　(ジャスミンはテニスができない)

　(注) 助動詞がないときには do を補います(疑問文同様、適宜変化させること)

Tom does**n't** speak English.　　(トムは英語を話さない)

not は右側を否定する：全文否定・部分否定

実は not は文全体を否定しているわけではありません。not には常に

右側を否定するという性質があるんです。たとえば次は不自然な文ですが、その理由がわかりますか。

*Anyone did**n't** see the accident . （誰も事故を見なかった）
（○I don't like anyone .　　　誰も好きじゃない）
　　　　　　　　（＊印はその文が不自然であることを示す）

anyone（誰も[誰を考えても]）はこの場合、not に打ち消されてはじめて「誰も...しない」と満足な意味を作ります。この文が不自然なのは、not が anyone を打ち消していないから。not は常に右側を否定するんですよ。

これがわかると次の意味のちがいがわかるはずです。

I don't really like my English teacher .
（英語の先生それほど好きじゃないな）
I really don't like my English teacher .
（英語の先生ホントに好きじゃない）

上は「本当に好き」が否定されて「それほど好きじゃない」、下は really が否定されず、「本当に好きじゃない」となりますね。このように not の位置によって意味が変わることは珍しいことではありません。

The rich are **not** always happy . （金持ちはいつも幸せとは限らない）
The rich are always **not** happy . （いつも不幸せ）

これらの対比は従来「全文否定・部分否定」などと言われてきましたが、そんな用語など覚える必要はもちろんありません。「not は右側を否定」さえわかっていればいいだけのことですよね！

なぜ右側か

　not は右側を否定。ですがそれを一生懸命「覚える」必要はありません。not は限定の働きをもった単なる修飾語だからです。だからこそ「右側を(前から、ということですね)」否定するのです。

　「打ち消す」という not の働きはある種の「限定」です。次のように並べてみればよくわかるはずです。

He cried.	(彼は泣いた)
He **hardly** cried.	(ほとんど泣かなかった)
He **didn't** cry.	(彼は泣かなかった)

ほら、hardly は cry を限定しているでしょう？　フルの(完全な)「泣く(cry)」ではなく、限定して「ほとんど泣かなかった」。not はそれよりさらに限定して「泣かなかった」。didn't cry は cry を絞り込むその延長線上にありますよね。

not, hardly に限らず、述語内容を限定する単語はその前に置かれます。

I **scarcely** know her. （ほとんど彼女を知らない）
We could **barely** see where we were going.
（どこに行ってるのかほとんどわからなかった）

not はこの子たちの仲間。タダの限定修飾。ほら、お約束通り否定がクッキリ見えてきたでしょう？

not の自由

not が単なる修飾表現だとわかれば、文中のさまざまな要素の前に置いて打ち消すことができることもすぐに理解できますね。

Not many people realize that. （気がついている人はあまり多くない）
He lives in Paris, **not** in London. （ロンドンではなくパリ在住）
I love her **not** because she is rich but because she is warm-hearted.
（彼女が金持ちだから好きなわけじゃない。心が温かいからだよ）
I hope we can meet again in the **not**-too-distant future.
（遠からず会えるといいですね）
Not me! （えーん。盆栽こわしたのはワシじゃない）

not は——およそ何でも打ち消すことのできる——万能修飾語なのです。自由にどんどん打ち消していってください。

前は限定（3）
限定詞

基本型に限定詞

pen (ペン), girl (少女), water (水), bully (いじめ), fact (事実), situation (状況)——これらモノ(コト)をあらわす表現は名詞と呼ばれていますが、英語の名詞は日本語のネイティブである私たちからすると、かなり神経質な使われ方をしています。まぁ逆からみれば「日本語はなんて無頓着なんだ」ということにもなりますが。その「神経質」のあらわれの1つがここでご紹介する「限定詞」です。

英語の名詞は左図の形を基本とします。薄字で示した形容詞についてはみなさんよくご存じですね。その前にある語群、これが限定詞です。

one, a, the, some, any, many . . . これらは基本的に「数量限定」に関わる単語です。こうした数量を限定する表現が名詞の基本型の一部を成している、それだけでも英語ということばがどれほど名詞について神経質であるかがわかるでしょう。

限定詞がないケース

限定詞は pen, girl, water などの前に置かれ、その意味を限定します。「前から限定」の1つだ、それだけのことなのですが、その「限定」の仕方が非常に繊細なのです。その繊細を味わっていただくために——いささか逆説的ではありますが——まずは限定詞が使われないケースをいくつか取り上げてみましょう。

Dolphins are cetaceans. （イルカはクジラ目です）
My uncle trains **dolphins** at Seaworld.
　（叔父はシーワールドでイルカの調教をしています）

この2つの日本語訳を見て、具体的な「イルカ」の姿が頭に浮かびましたか？ わんぱくフリッパーとかが頭の中を泳ぎましたか？ おそらくそうではないはず。ちょうどその漠然とした感触がこの dolphins に当たります。

Water freezes at 0°C. （水は0度で凍ります）
I need **water**. 　　　　（水が必要です）

これも同様。具体的な「水」が思い浮かべられるような表現ではありません。I need water は漠然と「水がほしい」（少しことばを足すと「油じゃなくてコーラじゃなくて水」ということ）です。**限定詞がない表現。それは限定がないゆえにぼんやりとした、具体的なモノが意識に上らない表現なのです。**

■限定なしの名詞が使われるべき場所

具体的なモノが頭に思い浮かばないような表現、こうした表現が典型的に使われる場所がいくつかあります。

【種族】
Cheetahs are the fastest land animal. （チータは地上最速の動物である）
Oil is lighter than **water**. 　　　　　　（油は水よりも軽い）

まずは「種族一般」を意味するとき。具体的なモノが浮かんでしまってはこまりますね。

【リスティング】
　モノを項目として列挙する場合。これも、「項目」ですから具体的なモノを思い浮かべてはいませんね。

> What do you need for the sauce? — You need **onion**, **garlic**, **eggplant**, **carrot**, **olive oil** . . .
> (そのソース作るのに何が必要？——たまねぎでしょ、にんにくでしょ、なすでしょ、にんじんでしょ、オリーブオイルでしょ)

さて、それではいよいよ限定詞を加えてみましょう。

限定詞を加えるということ

　限定詞は、そのままでは具体性をもたない dog, water などを限定し「形」を与えます。

> **Dogs** bark.　　　　　　(犬は吠える)
> **The dog** is barking.　　(犬が吠えている)

　とらえどころのない(それゆえに種族一般を意味する) dogs が the dog となると、途端にある「特定の犬」という具体性を与えられていますね。

> I need **water**.　　　　　(水が必要です)
> Give me **some water**.　 (水をくれ)

　「油じゃなくて水」を単に示した water に some がつくと、ある分量をともなった具体的な水が意識されるようになります。次も同じペアですよ。

Babies need **milk**. 　　　　(赤ん坊にはミルクが必要です)
Give the baby **some milk**. 　(その子にミルクをやれ)

　限定詞は漠然とした名詞を限定し、ある具体的なイメージを「生み出す」働きをもっているのです。

さまざまな限定詞

　さあそれでは、主要な限定詞がどういった具体性を名詞に与えるのかを駆け足でながめていきましょう。

■the: 1つに決まる

　the による限定はきわだってクッキリしたものです。それは「1つに決まる(複数の場合は1グループに決まる)」ということ。さまざまなケースがありますが、「1つに決まる」ことにかわりはありません。

【文脈から1つに決まる場合】
I saw a gorgeous woman in the supermarket yesterday, and today I saw **the woman** again.
　(すごいゴージャスな女の子をスーパーで見かけたんだよ、昨日。そんでもって今日またその子に会ったのさ)

　前の文によって話に1人の女が登場しました。次の文で the woman と言えば「ああ前の文に出てきた人のことだな」とピン！ときますね。「1つに決まる」んですよ。もちろん前の文が two women となっていた場合に the woman とは言えません。どちらの女性なのか「決まらない」からです。

> 【常識から1つに決まる場合】
> **The moon** revolves round **the earth**.
>   (月は地球のまわりを回っている)

前に文脈がなくても常識から「1つに決まる」ことがあります。「sun, world には the がつく」などと機械的に覚えないこと。1つに決まらないときには a world、平気で出てきます。

I want to live in **a world** free from injustice.
  (不正のない世界に住みたい)

「不正のない世界」と言っても1つには決まらないでしょう？ だから a world。

> 【その場の状況から1つに決まる場合】
> Open **the window**, please.　(窓開けてください)

その場の状況で「これだ」と「1つに決まる」なら the を使って大丈夫。「ああ、この窓を指しているのだな」とピン！とくる状況です。どの窓を言っているのかわからないときには使えません。

> 【語句の意味から1つに決まる場合】
> She is **the first woman** to sail solo around the world.
>   (帆船単独世界一周した最初の女性です)

その他、first (最初の)、only (唯一の)、あるいは形容詞の最上級 (the tallest) には the が用いられます。いずれも「1つに決まる」からですよ。

■a(n): 1つに決まらない

a(n) は具体的な、単数 (1つ) のモノを思い起こさせますが、one とはちがいます。one は「2じゃなくて1だよ」と数量をきわだたせますが、a はある種 the と対照的な表現です。「1つに決まらない」場合に使われます。

【はじめて話題に出す】
I met **an old friend** last night. （昨晩昔なじみに会った）

a が便利に使われるケースがこれ。はじめて話題に出すときには、the は使えませんね。1つに決まらないからです。聞き手が「あ、あれか」とピンとこないからです。

【他にもいる】
He is **an eye-doctor**. （彼は眼科医です）

「彼は眼科医です」。もちろん「彼＝ある特定の眼科医」という意味ではありません。他にも多々いる「眼科医の1人」ということ。ある特定の眼科医だとすれば the ということになります。

He is **the eye-doctor** that looked after my dad so well.
（父の面倒をよくみてくれた眼科医は彼だよ）

the と a の対照は次の文からも納得できるはず。

Yours is not **THE** solution, just **A** solution.
（唯一の解決策じゃない。他にもあるうちの1つだよ）

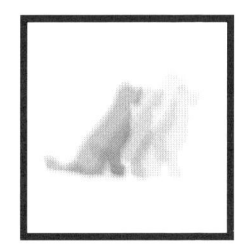

■some: ぼんやりと存在がわかる

some は「いくつかの」ではありません。**someone, somebody** (誰か)、**some time** (いつか)、**somewhere** (どこか)。some はぼんやり。ハッキリと分量を規定しない語句なのです。

I have **some** candies. (キャンディをもっているよ)

クッキリした「い・く・つ・か・の」ではありません。「キャンディもってるよ」と訳しても差し支えない、ぼんやりした内容。それが some です。

Get me **some** water. (水とってきて)

もちろん具体的に量を限定してはいません。「水をいくらか」です。ちなみに日本語の「いくつかの」にもっとも似つかわしいのは **several**。クッキリと認識された複数のモノをあらわします。

A: I know **some great pubs** in London.
B: I know **several great pubs** in London.
　　(すっごくいいパブ知ってるよ)

私なら B さんにくっついて行きますね。いくつかの具体例をクッキリと思い浮かべながら話しているからです。A さんは「連れて行って」と頼んでも、「え。んーと...」と考えこんでしまいそうです。「ぼんやり」ですからね。

■any: どれでも

any は選択の自由。「どれでも・誰でも」ということ。some とはまるでちがう単語。**anyone**、**anybody** (誰か)、**any time** (いつでも)、**anywhere** (どこでも)。

Any fool could see that.
(どんなアホでもそんなことわかるだろうよ)

He doesn't have **any** friends.
(友達が全然いない [= どんな友達ももってない])

any が使えるのは「どんな...だってね」がピッタリする場面のみ。次のようには使えません。

*We saw **anybody**. (どんな人にも会った ???)

■every: それぞれみんな / all: みんな

every と all の基本的ちがいを押さえておきましょう。every には 1 つ 1 つに対する視線があります。「太郎も花子も正樹も冴子も...」と 1 つ 1 つをながめながら「すべての人たちは」、そうした几帳面な感触があります。

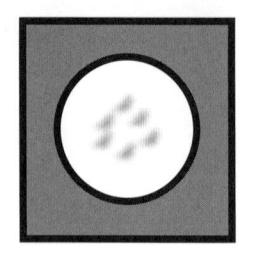

Everybody is having a good time.
(誰もが楽しんでいた)

every が上のように単数(動詞は is ですね)で受けられるのも、この視線のせい。一方 all はもっとアバウト。ぜーんぶひとくくりにして「みんな・全部」。中身に対する意識が希薄な単語です。

All the seats have been sold. (座席はみんな売り切れだよ)

the seats 全部をひとくくりにして「みんな」、それが all なのです。

■no: ない

noのイメージは、「黒塗り」。

a. They took **no prisoners**.
　　(どんな囚人も受け入れなかった)
b. **No express trains** stop at this station.
　　(急行はこの駅に停まりません)

aは「ない囚人」が受け入れられた、ということ。日本語訳からは「ない囚人を受け入れた → どんな囚人も受け入れなかった」といった2段階方式で解釈されているように感じられますが、ネイティブは一発で理解しています。「囚人」が塗りつぶされたような意識として理解しているのです。みなさんにもはやくこのフィールに慣れていただきたいところです。

また、noをnot ... anyと分解して理解するクセも改善が必要です。訳文を見れば They did**n't** take **any** prisoners. と区別がつかなくなってしまいますが、「囚人」を塗りつぶして否定する no prisoners の方がはるかに強烈な表現。そもそもいつもそんな方式で分解できるわけではありませんからね。その方式にしたがうとbの例文は、

***Any** express trains don't stop at this station.

と、たいへん不自然な文になってしまいます。存在しない形を経由して理解する必要はどこにもありません。noは「黒塗り」、この意識でいきましょう。

さて、最後に問題。次の文はどちらがより強烈な意味でしょうか。

No express trains stop at this station.
No express train stops at this station.

no は後ろに複数 (express trains) も単数 (express train) もとることができます。ですが、単数をとる方がよほど強いインパクトをもっています。なぜって？　それは「ひとっこひとり...ない」「1つだって...ない」ってことになるからです。もちろん通常は複数が選ばれますよ。

　これで限定詞の話は、ここでひとまず区切りとしましょう。それぞれの繊細なニュアンスをつかむためにはまだまだ説明を加える必要がありますが、ひとまずの基礎は固まりました。続きは本書続編に譲ることにします。おたのしみに。

　さて、限定修飾・否定・限定詞と続いた 前は限定 の解説いかがでしたか？　それでは次の修飾の型に移っていきましょう。とはいえ、もうみなさんにはおなじみのはずなんですけどね。

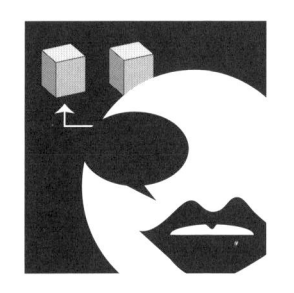

並べると説明 (1)
説明修飾

さて心機一転。ここからは別のタイプの修飾——後ろからの修飾——です。前からの修飾が積極的に「限定」していたの対し、この型の修飾は単なる「説明」。説明を加えるだけの修飾です。ここではすでに学んだ 並べると説明 が大活躍しますよ。

説明修飾の基礎

並べると説明 は配置のことば英語において、主語—述語という英語文の骨格を成り立たせる大原則です。この原則は修飾においてもとても重要な役割を担っています。

a. The boys on the beach were playing volleyball.
　（ビーチの少年たちはバレーボールを楽しんでいた）
b. The boys were playing volleyball on the beach.
　（ビーチで少年たちはバレーボールを楽しんでいた）

on the beach の修飾する語句が、その位置によって変わっていることに気がつきましたか。a では the boys を修飾し、b では the boys were playing volleyball を修飾しています。どちらも、「その少年たち」がどこにいるのか、その出来事がどこで起こっているのかを**説明していま**すね。

英語においてある語句を説明するという修飾関係は、修飾語句を後ろに並べる——ただただそのまま並べる、ポンポンと並べる——単にそれ

だけで達成することができます。簡単でしょう？ ですが、あなどってはいけません。「ただ並べる」を自在に使いこなすことができるとすれば、それは日本人離れした、相当ネイティブに近い表現力と感性を意味します。それほどにこの「ただ並べる」は表現力と直結しているのです。

後ろに並べる――それだけで説明することができる

まずは簡単な語句を使って、この「並べる」感触をつかまえることにしましょう。まずは yesterday（昨日）を使ってみましょう。

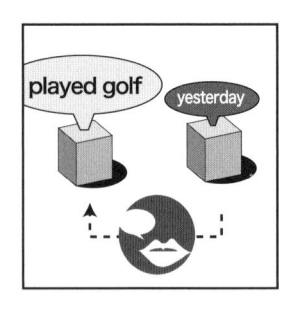

I played golf yesterday .

もちろん Yesterday . . . と前に置くことも可能です（p. 43）が、定位置はここ。その理由はできごとがいつ起こったのかを説明する語句だからです。次も同様に I broke it を説明する語句はすべて後ろが定位置となります。

I broke it ┤ accidentally.　　　　　　　　（偶然）
　　　　　 │ this morning.　　　　　　　　 （今朝）
　　　　　 └ when I was playing soccer.　（サッカーしてるときに）

並べると説明。並べれば説明が成り立つ。それがわかると英語が目に見えて楽になってくるのです。あれ？ あんまり感動してないみたいですね。へへっ。お楽しみはこっからさ。さあ、次の段階に進みましょう。

単に並べる――-ing の場合

「後ろに並べて説明」、さらに -ing の例を考えてみることにしましょう。

a. The man is **turning the corner**.
   (その男は角を曲がるところだ)
   [the man の状態を説明]
b. The man **turning the corner** is my father.
   (角を曲がっている男が私の父です)
   [the man の状態を説明]
c. The man looked around **turning the corner**.
   (角を曲がりながらあたりを見渡した)
   [looked around がどんな状態で行われたのかを説明]
d. **Turning the corner**, the man bumped into a lamppost.
   (角を曲がっているときだった、その男は街灯に頭をぶつけたのは)
   [the man . . . lamppost の状況を説明]

それぞれ「進行形 (a)」「現在分詞の形容詞的用法 (b)」「現在分詞の副詞的用法 (c)」「分詞構文 (d)」などといかめしい名前で呼ばれてきましたが、そんな用語を借りなくても、みなさんなら文の意味もその意識も手に取るようにわかるはず。そうどの文も、turning the corner (角を曲がっている)という生き生きとした場面を修飾したい語句の後ろに並べているにすぎません。((d) については後述)。ポンポンと並べるだけで修飾できる、これが英語の簡便さ。手放すことのできないシンプルさなのです。

■分詞構文

さて、dの例文を説明しましょう。一見 並べると説明 の原則に反するようにも思えるかもしれません。説明の turning the corner が前にありますから。だけどね...。

d文は従来学校文法では「分詞構文」と呼ばれ、「『~(した)とき』と接続詞を補って考える」と説明されてきた形です。しかし実際この形には

「接続詞を補って考える」以上のニュアンスがあるんです。

   a. **Climbing over the fence**, he ripped his pants.
   b. **When he climbed over the fence**, he ripped his pants.
     （フェンスを乗り越えたときズボンを破いてしまった）

a の分詞構文は鮮烈な形です。私は「物語モード」と名づけていますが、単に接続詞でつながれた「平たい」文 (b) とは勢いがまるでちがいます。出来事に（まるで物語するような）ドラマチックな勢いを与える形なのです。「フェンスを乗り越えたときなんだ、破いたのは」ぐらいの感じ。この形は主に書きことばで使われるテクニックです。話しことばの場合、単純な When ... でも話し方を工夫すれば容易にインパクトを与えることができます。ですが書き言葉にはそうした余地はありません。そこでインパクトを与えるこの形が用いられるのです。

さて、この形のもつ「勢い・インパクト」は何から与えられるのでしょうか。それは「配置」からなのです。先ほどの文を思い出しましょう。

   c. **Turning the corner**, the man bumped into a lamppost.

turning ... は the man bumped 以下を**説明しているのですから、本来の位置はその後ろ**。

   d. The man bumped into a lamppost, **turning the corner**.

これでも立派な英語ですが、前に置いた場合ほどパンチはありません。c は turning ... を文頭に移すことによって強調が加わり、インパクトのある文となっているのです。「角を曲がったまさにそのときにね...」、聞き手は「いったい何が起こったのだろう」と聞き耳を立てるのです。英語は配置のことば。日本語よりはるかに配列が重要なことばなのです。配置を変えることにはたいへん重要な意味があるんでしたね？

とゆーわけで、分詞構文は本来の位置から強調のために前に置かれた形というわけ。 並べると説明 の例外ではないってことですね。あー、めでたしめでたし。

蛇足ですが、この -ing を文に並べた形は「～なので」と理由をあらわすこともあります。ですがそんなことは覚える必要はありませんよ。

e. **Having no alternative**, I gave in to their demands.
　　(他に選択する余地がなかったので彼らの要求に屈した)

eの文は単に I gave in to their demands を having ... が説明していることを示しています。その説明が「理由」とわかるのは、文の内容から。分詞構文という形自体に「〜なので」という意味があるわけではありません。当たり前だよね。

単に並べる――過去分詞の場合

　過去分詞(〜される)も典型的な説明語句の1つでしたね。ターゲット(下線部)の後ろに並べる、要領は -ing と変わりません。もう説明しませんよ。

a. We were all **surprised** at the result.
　　(私たち全員その結論に驚いた)
b. The people **trapped** in the elevator remained calm.
　　(エレベーターに閉じこめられた人々は平静を保っていた)
c. Nadal walked off the court very **disappointed**.
　　(ナダールはとても落胆してコートを出た)
d. **Cheered** on by thousands of fans, Japan beat Iran 2–1.
　　(何千人のファンに応援されて日本はイランを2対1で下した)

ほら、まるで同じ。 並べると説明 、すべての説明修飾はこの原則のもとに成り立っているのですよ。

（注）過去分詞の意味(「される」以外もありますよ)については続編 ... ってもうしつこいですね。

並べると説明(2)
同 格

 説明する要素を後ろに並べる、この要領はすでに理解できましたね。**並べると説明**、英語に息づくもっとも強力な原則を、もう1歩深く理解しましょう。

名詞と名詞、名詞と文

 「説明修飾」、今まで前置詞・副詞・-ing などを例として取り上げてきましたが、説明に使える文の要素はこれだけではありません。名詞や文ですら、並べることによって修飾として使うことができるのです。**並べると説明**、なんと強力な原則でしょうか。

 それでは名詞・文を使った説明修飾、まずは「名詞・名詞」と並べるテクニックから。

【名詞と名詞を並べる】
a. Tony Blair, **the British Prime Minister**, met with Condoleezza Rice, **the American Secretary of State**, at 10 Downing Street.

 (英国のブレア首相は米国務長官ライス氏と首相官邸で面会した)

b. Joe Black, **29**, **the father of the 3 children**, was charged today with their murder.

 (ジョー・ブラック 29 歳は 3 人の子をもつ父親であるが、3 人を殺した罪で告訴された)

こうした文章は新聞などの記事で非常に頻繁に目にするものですね。事実関係や登場人物の「説明」が重きを占める報道ならそれもうなずけます。ここでは説明のため並べられた名詞 (the British Prime Minister) の前後にカンマ (,) が添えられていることに注意しましょう。読むときには次のようなイントネーションになります。

Tony Blair ↗ the British Prime Minister ↗ met . . .

こうした「名詞・名詞」の修飾コンビネーションは報道文脈に限られているわけでは──もちろん──ありません。いたって応用範囲の広い使い方なのですよ。

Emma, **the woman I love**, has been a tremendous support throughout this ordeal.
(私が愛した女性エマは今回の苦難に際してとても助けになってくれた)

さてそれでは次に、文で名詞内容を説明する「名詞・文」のコンビネーションをながめてみましょう。

【名詞と文を並べる】
a. Have you heard the rumour that **Chris has resigned**?
(クリスが辞めたって噂聞いた？)
b. The fact that **I am broke** has helped me drink less!
(お金がないおかげであまり飲まなくなったよ)
c. He reached the conclusion that **the car wasn't worth repairing**.
(その車は直す価値がないという結論に達した)

the rumour (噂)、the fact (事実) と文を単に並べるだけで、どういった噂(事実)かを文で説明することができます。「名詞 + that 節」などと書いてある文法書もあるようですが、that を必要以上に重要視する必要はありません。

The fact I am broke has helped me drink less!

that がなくても成り立つ形。この形の本質はやはり「ただ並べる」ということなのです。

ただ並べる。並べることによって修飾が成り立つ。 並べると修飾 は実にパワフルな原則なのです。

■that は滑らかに「導く」

that の主たる意味は「あれ」。つまり指し示す単語です。そこから that には後続の要素に聞き手の「注目を導く」という重要な用途が生まれています。

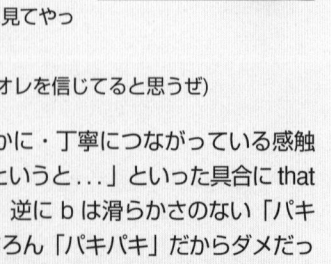

that は注意・関心を導く

a. I think **that** we could turn a blind eye on this occasion. （今回は大目に見てやっていいと思いますが）
b. I think they trust me. （ヤツらオレを信じてると思うぜ）

a の文には think とその内容が滑らかに・丁寧につながっている感触があります。そう、「何を考えているかというと...」といった具合に that が聞き手の注目を導いているからです。逆に b は滑らかさのない「パキパキ」した感触の文になってます。もちろん「パキパキ」だからダメだって言ってるわけじゃありません。この場合は that がない方が自然。「ヤツは僕を嫌ってる」という短いたたみかける内容で、丁寧に導く必要はありませんからね。

さて、the rumour **that** Chris has resigned。ここで使われる that の語感も同じです。「どういった噂かというと...」と聞き手の関心をその内容に導いているというわけです。もちろん that がなくても十分に成り立つ形ではありますが、実際には that が好んで使われます。

「仕事を辞めたという噂」と、名詞と文を誤解のないようにつないであげるための配慮が働いているんですよ。

並べると説明（3）
WITH

付帯状況の with . . . 単に並べているだけ

並べると説明 という単純なメカニズムがいかに英語の修飾を豊かにしているか、すでに十分理解できましたね。さて、仕上げです。次の文がすぐに理解できますか？

a. She looked at me **with a huge grin on her face**.
   (彼女は、にまーっと笑いながら私を見た)
b. We sat by the pool **with the sun beaming down on us**.
   (太陽の光が降り注ぐ中プールの脇に座っていた)
c. The cheeky kid walked up to the teacher **with his hands in his pockets**.
   (生意気な子供が手をポケットに突っ込みながら教師に向かっていった)

これらは従来「付帯状況の with」と呼ばれてきた使い方です。ポイントは with 以下の形。スッとわかったら、みなさんにはすでに 並べると説明 がしっかりと根づいています。

the sun　beaming down on us　（太陽の光が降り注いでいる）
his hands　in his pockets　　　（手がポケットに入っている）

ほら、今までとまったく同じ。the sun, his hands を後ろに並べた要素が説明しているんですよ。ポンポンと並べる意識。もうだいじょうぶ

ですね？

え？ with の意味、ですか？ はははは。それはカンタン。with は「いっしょ」。2つのできごとが「いっしょ」に起こっている、ただそれだけですよ。

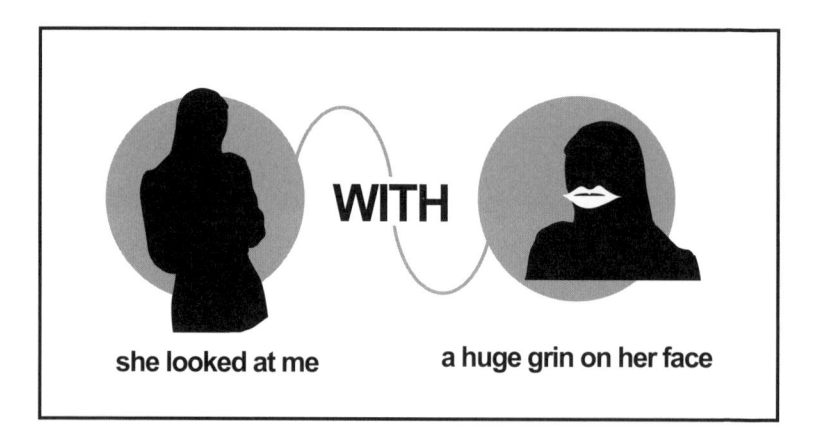

```
                    WITH
she looked at me         a huge grin on her face
```

え？「ただ並べてるだけじゃん」ですって？ あははは。そのとーり。だからね、みなさんお得意の 並べると説明 を使ってもまったく同じ意味になりますよ。

She cried, her hands covering her face.
(顔を両手で覆って泣いた)

並べると説明 ──この強力な原則をいつも意識しながら英語に触れていってくださいね。

■

さてこれで「説明修飾」を終わりましょう。後ろに並べるだけで修飾が成り立つ。もう修飾はこわくありませんよ。さあそれでは最後の修飾の型、「穴埋め修飾」。がんばっていきましょう。

穴埋め修飾（1）
WH 修飾基礎

この章冒頭で「私の父が好きな犬」について説明しましたね。「欠けている⇔補う」が作る強固な修飾関係。英語にもまったく同じ感性でなされる修飾があります。その代表が従来「関係詞（関係代名詞・関係副詞）節」と呼ばれてきた形です。ここでは「wh 修飾」と呼んでいきましょう。which, who など wh 語を使った修飾法です。

「私の父が好きな犬」: 英語でも同じメカニズム

「私の父が好きな犬」、英語でもまったく同じ修飾関係を作ることができます。

This is the dog which my father loves .
（私の父が好きな犬）

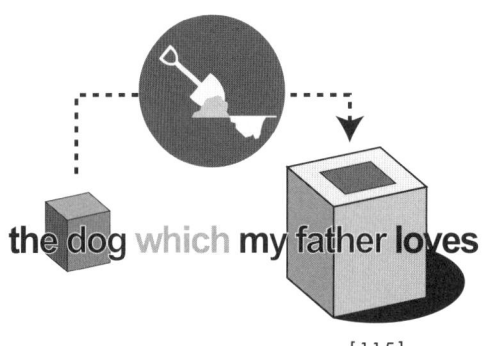

これが典型的な wh 修飾の文。the dog と my father loves の関係に注目しましょう。my father loves は何が好きなのかが「欠けた」文。そこを the dog が埋める——つまり日本語同様の穴埋めによ

る修飾が成り立っているのです。

ですがこの文には、日本語にはない要素 which があります。いったいどのような働きをしているのでしょうか。

Wh 語の働き:「つなぎ」

wh 語については wh 疑問文でくわしく説明しましたね (p. 64 参照)。「欠けている情報を指定する」、それが wh 語の役割です。

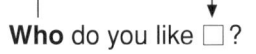

Who do you like □?　　　　　　【wh 疑問文】
　(あなたは誰が好きですか?)　(who は「人」が欠けていると指定)

この役割は wh 修飾でもまったく同じなんですよ。

the dog **which** my father loves □　【wh 修飾】

which は後続文に「モノ(人以外)が欠けている」と指定しています。このことは同時に後続文と組み合わされるのは「モノ」だということを示していることになりますよね。

モノ
the dog **which** my father loves □

さあ、どうでしょう。the dog と my father loves が which の「モノ」という指定を介して緊密に結ばれたことがわかるでしょう?「つなぎをしっかり」、これが wh 語の働きなのです。

この修飾に関して、wh 語の働きはあくまでも補助的なものです。

This is the dog [　　] my father loves.

この文に which はありません。だけど正しい文です。the dog と my father loves を結びつけるこの修飾の原動力は、あくまで「欠けている ⇔ 補う」の関係。wh 語はそれをより強固に、理解がたやすいように「つなぎをしっかり」する働きをしているのです。

Wh 修飾の意識: グラブとジョイン

さて理屈はもう十分でしょう。理屈ばかり頭に入っても英語は話せません。wh 修飾の呼吸――ネイティブの意識――を身につけること、それだけが重要です。さあ呼吸を学びましょう。

ネイティブが wh 修飾を使うときには、2 つの意識が関わっています。グラブとジョイン。「グラブ」は「つかむ」こと。「ジョイン」は「組み合わせること」。

- This is the dog **which** . . .

 which が出てきたこの時点でネイティブは the dog をグラブします。これから the dog が後続する文と組み合わされることを理解し頭の中に「とっておきます」。

- my father loves

 the dog を組み合わせるために情報が欠けている場所を探します。欠けている場所に the dog が入り込むからです。結果、「私の父が好きな」と「犬」がジョインされ、「私の父が好きな犬」となります。

[グラブ―ジョイン]という呼吸。これが wh 修飾の基本動作なのです。

穴埋め修飾（2）
グラブ

グラブ―ジョインという呼吸、まずはグラブから説明しましょう。

Wh 語の種類: 何をグラブするのか

修飾のターゲットをつかみとる、それがグラブです。何をつかむのかは使われる wh 語によって変わってきます。

This is the dog **which** my father loves. 【モノ（人以外）】
　（父が愛している犬）
This is the man **who** Mary hates. 【人】
　（メアリが憎んでいる男）
This is the house **where** we live. 【場所】
　（僕たちが住んでいる家）
This is the time **when** we can really relax. 【時】
　（僕たちが本当にリラックスできる時間）
This is the reason **why** they got divorced. 【理由】
　（彼らが離婚した理由）

たとえば where。This is the house where ... でネイティブは the house という「場所」をグラブします。その「場所」が we live とジョインされ「私たちが住んでいる家」となるわけです。wh 語によってグラブの対象が変わる――実に厄介なことのように思われるかもしれませんが、このことによって修飾のターゲットがクッキリ鮮明になり、文の理解が容易になっているのです。

穴埋め修飾（3）
ジョイン

グラブしたターゲットを後続文と組み合わせます。

穴はどこにあるの？

グラブしたターゲットを後続文と組み合わせます。ジョインでいちばん大切なのは、後続文の中で欠けている情報を探し出すこと。wh 修飾は「欠けている ⇔ 補う」が作る修飾関係だからです。

a. This is the dog **which I got from my friend**.
b. This is the dog **which chased my cat**.

この 2 文には決定的にちがう点があります。それは「どの場所が欠けているか」。図であらわしましょう。

the dog which **I got** □ **from my friend** 【目的語】
(私が友人からもらった犬)
the dog which □ **chased my cat** 　　　　　【主語】
(私の猫を追いかけた犬)

a の文は、get の目的語——つまり「何をもらったのか」——が欠けています。そこに「犬」がジョインされますから「私がもらった犬」となります。一方 b で欠けているのは主語——「何が私の猫を追いかけたのか」。「犬」は「猫を追いかけた犬」と、主語として解釈されなければなりません。今度は who を使ってみましょう。同じポイントです。

That is the girl **who** I love.
That is the girl **who** loves me.

ずいぶん意味合いがちがいますね。それは穴の位置がちがうから。

the girl **who** I love □　　　(私が好きな少女)
the girl **who** □ loves me　(私のことが好きな少女)

考えてみれば、みなさんはこの「穴探し」2 回目のはず。そう、wh 疑問文でやったことの繰り返しです。wh は wh。欠けている情報に呼応するという本質は疑問文でも修飾でも変わりがないのですよ。

さてそれでは最後にいくつか練習しましょう。訳を参考にしながら穴を探し出してくださいね。ターゲットはそこにジョインされます。

Q.

a. the picture which he gave to me
(彼が私にくれた絵)
b. the girl who everyone was saying Takashi loved
(みんなが孝が好きだと言っていた少女)
c. the man who I was waiting for　(私が待っていた男)
d. the boy who I played with　　　(私がいっしょに遊んだ子)
e. the dog which he said bit Takeo
(武雄を噛んだよと彼が言っていた犬)

それぞれ次のように欠けています。
a. the picture which he gave □ to me
何をあげたのか [give の目的語]
b. the girl who everyone was saying Takashi loved □
誰を好きなのか [love の目的語]
c. the man who I was waiting for □
誰を待つのか [前置詞 for の目的語]
d. the boy who I played with □
誰と遊んだのか [前置詞 with の目的語]

e. the dog which he said ☐ bit Takeo
　何が噛んだのか [bit の主語]

■who-whose-whom; which-whose-which

　私が中学生の頃は「関係代名詞の変化形」としてこれを必ず暗記しました。今もやっているのかな？

　これまで「モノ（人以外）= which」「人 = who」と紹介してきましたが、who, which は従来さらに細かな指定を含んでいました。欠けている位置（ジョインされる位置）の指定です。

　This is the girl **who** 主格(主語) talked to President Carter.
　　（カーター大統領と話した少女）
　This is the girl **whose** 所有格 father is a famous professor.
　　（その父親が有名な教授である女の子）
　This is the girl **whom** Taro loves 目的格(目的語).
　　（太郎が好きな女の子）

　考えようによってはこれはとっても「親切」なシステム。どこにターゲットが組み合わされるのかがわかればより解釈が楽になるからです。しかし残念なことに英語はこのシステムを放棄しつつあります。21世紀現代英語では、

　★who = 人
　　which = 人以外
　　whose = (人 / モノにかかわらず)所有格

という簡単な図式に成りつつあります。結果、whom は古くさく非常にフォーマルな文言に限られてしまい、会話からはほぼ姿を消してしまいました。もちろん wh 修飾だけでなく、wh 疑問文を作る場合にも、whom の命脈は尽きていますよ。

第3章 「修飾する」まとめ

　英語は配置のことば。並べる意識にその本質があります。前からいくのか、後ろからか。そこには重要な意識のちがいがあります。ここではさらに穴埋めの意識を加え、修飾に必要な3つの感覚すべてを網羅しました。

　ネイティブと同じ表現力をもつためには、ネイティブと同じ「意識」をもつことです。「関係代名詞」「付帯状況の with」そんな文法事項はどうでもよいこと。「前からキュッと絞ってやる」「ポンと後ろに並べて説明してやる」「穴埋めでガッチリ結びつけてやる」。いわば心の運動として修飾の感覚を取り込むことが何よりも大切なのです。

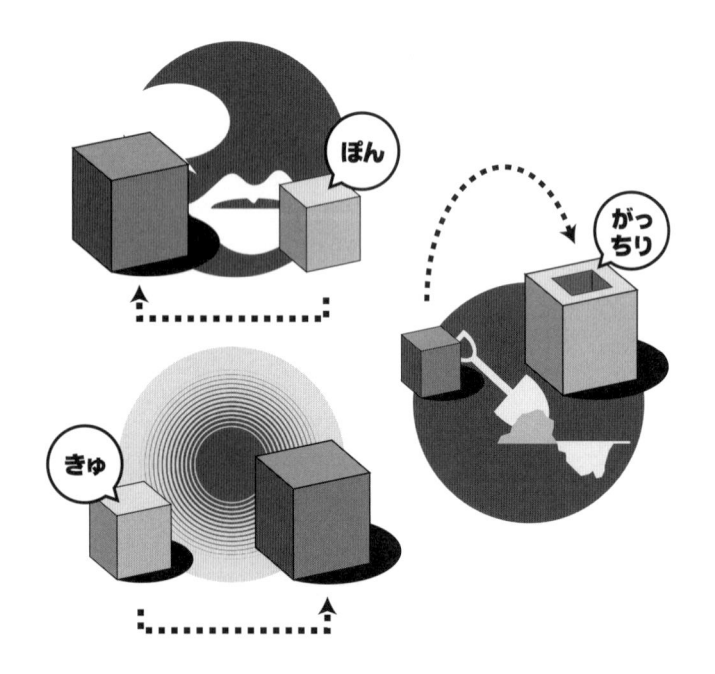

　さあ、最終章に突入します。最後は「とき」。複雑なとき表現を支配する重要な感覚を手に入れることにしましょう。もうひといきだよ。

Chapter 4
「とき」をあらわす

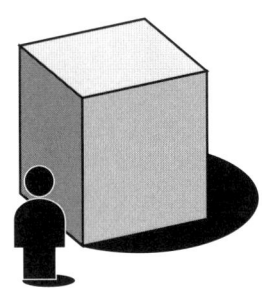

ことばの「とき」は機械的に決まってくるものではない

この章では、現在・過去など文の「とき」を示す方法を学んでいきます。それぞれのとき表現の解説を始める前に、まずは、ことばの表現する時間——とき——についてお話ししましょう。

英語の「とき」——たとえば「過去」——を学んだもっとも初歩の段階で、みなさんはこういった図を見たことはありませんか。

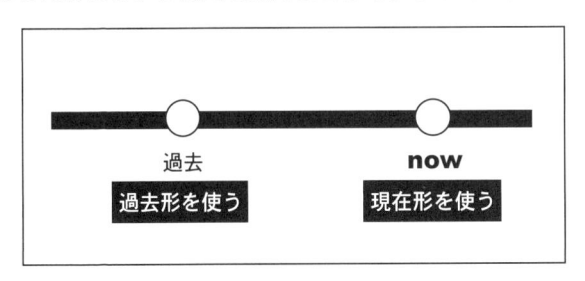

```
        過去              now
     過去形を使う        現在形を使う
```

こうした図は、英語学習が進めば進むほど大きな障害になっていきます。この図はたとえば「現在より前の時点は過去形であらわせばいいんだな」を生み出してしまいます。「今は 3:20 だから、それより以前は全部過去形」なんてことになります。ですが、ことばはそんな機械的なしろものではありません。

> I **was** quietly reading the paper in the café when suddenly this guy **comes** over, **snatches** the paper out of my hands, and **starts** screaming at me.
> （カフェで新聞読んでたら男が近づいてくるんだよ。手から新聞をひったくって、僕に向かって叫びはじめやがるんだよ）

ほらこの文、過去形で始まっているのに途中から comes, snatches, starts と現在形にスイッチしていますね。この文だけでも「過去の時点＝過去形」が絶対ではないことがわかっていただけますね？ ...まだわかっていただけない？ それではもう1つ。

Listen. It's the offer of a lifetime. You'll be glad you **bought** it.
（[セールスマンが] いいですか。こんなオファーはもう2度とありません。買ってよかったとお思いになるはずですよ）

You'll be glad you **bought** it. まだ実際には買ったわけではありませんね。買うのはこれから。**現時点から考えれば未来の出来事について過去形が使われている**のですよ。「過去の時点 = 過去形」では、日常会話にすらつまずいてしまいます。

「とき」を支配するもの

「とき」は現実の時間にかならずしも対応してはいません。それでは何が「とき」を決めているのでしょうか。もちろん言うまでもなく、それは私たちの感じ方です。私たちがある出来事をどのようにながめるか。**そのながめ方に「とき」は対応している**のです。そしてこの章のほとんどは、自然な英語を自由に作り出すそのながめ方をみなさんと学習していきます。ネイティブの目線を獲得して、はじめてみなさんは「とき」を支配することができるのです。

まずはじめに「とき」のながめ方でもっとも大切な原則を1つだけ、頭に留めておいてください。

基本原則

ときは距離

人間は「とき」を自分からの
距離としてとらえています。

少し意外な話かもしれませんが、英語や日本語ではほぼ無意識のうちに時間は「距離」として感じられています。「遠い過去 (distant / remote past)」「近い将来 (near future)」などの言い回しからも、ことばの上では時間と距離が等列に扱われていることがわかりますね。本来目に見えない時間を、目に見える距離にたとえることによって、はじめて私たちは時間をとらえることができるのです。

　私たちは客観的な見方で時間をとらえてはいません。もっと視覚的な「遠い」「近い」でとらえているのです。この遠近感に気づくこと。それが「とき」を支配する第一歩なのですよ。

　さぁ、はじめましょう。

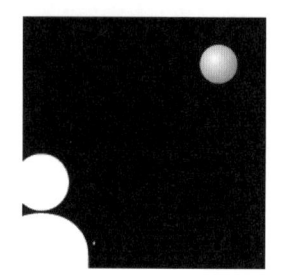

過去形の距離

過去をあらわす文の作り方

過去をあらわす文を作るには(助)動詞を過去形にします。

I <u>kicked</u> the ball.　　kick → kicked（過去形）
I <u>didn't</u> kill him.　　do → did　　（過去形）

歴史のひとこま

とき表現の原則は「距離」です。ネイティブがもつ遠近感をとらえることがとき表現の征服には欠かせません。まずは過去形を取り上げましょう。

過去形は「遠く離れた」をあらわす形です。過ぎ去った出来事。**遠く離れた感覚をともなっている出来事**。それが過去形が運ぶニュアンスです。「歴史のひとこま」と言ってもいいでしょう。次の文をスローモーションで味わってみましょう。

Last Friday night, I **called** Lucy and then **met** her in London.

（先週の金曜日ルーシーに電話して、それからロンドンで会った）

訳せるだけでは落第。この文を読んだとき、そこに「距離」が感じられなくてはなりません。たとえば、今はゆったりイスに座りながら以前の出来事を回想している感触です。もしかするとその記憶はセピアカラーに染まっているかもしれませんよ。

現在と切り離された...

過去形のもつ**「距離感」**が理解できると、途端にその豊かさが実感できるようになります。

We **were** next-door neighbors for 12 years.
（私たちは 12 年間隣人同士でした）

ネイティブはこの文からすぐにピンときます、「ああ、もう引っ越したんだな」。今と切り離されている、もう隣人ではない、過去のもつ距離感からすぐに類推できますね。

He **was** the perfect gentleman. （彼は本当にすばらしい紳士でした）
I **thought** you were a friend! （あなたのこと友達だと思っていたわ）

日本語とまったく同じですね。「ああ、彼はもう死んでしまったみたいだ」「もう友達なんかじゃないって言ってるな」。そこまでわかってはじめて使える英語と言えるのです。「過去の時点＝過去形」、そんな単純な話ではないのですよ。

過去のもつ「距離感」をしっかりとにぎっておいてください。それがより複雑なとき表現、現在完了📖との境目となってくるからです。

📖 p. 134 現在完了

現在形

現在をあらわす文の作り方

現在をあらわす文を作るには(助)動詞を現在形にします。I, You 以外の単数主語のときのみ変化 (-s) します。

He lives in Osaka.

距離ゼロの意識

現在形があらわすのは**距離ゼロの意識**。ある出来事があなたと共にあります。

「距離がゼロ」には大きく分けて 2 通りの場合があります。そしてそのどちらもが現在形の守備領域なのです。

1) 安定

まずは過去から未来に至る**出来事(状況)に包まれている**場合。

Merwyn **likes** spicy food. (マーウィンはスパイシーな食べ物が好き)
Tom **speaks** 4 languages. (トムは 4 ヵ国語話します)

「スパイシーな食べ物が好き」という人は、昨日は嫌いだったでしょうか。明日突然「嫌いです」となるでしょうか。現在形があらわす状況は

現在を包み込み安定しています。

■常に成り立つ

　常に成り立つ内容は——当たり前のことですが——現在を包み込み安定しています。だから現在形の独壇場。数学・自然科学ジャンルの本を見たことはありますか？　現在形のオンパレードですよ。いつでも成り立つ真理を追求する学問だからです。

　Lizards **are** reptiles.　　　（トカゲは爬虫類）
　The earth **orbits** the sun.　（地球は太陽のまわりを回る）
　2 multiplied by 2 **is** 4.　　（2×2 は 4）

■習慣

　習慣も——これも当たり前ですが——現在を包み込みずっと変わらず続いていきます。だから現在形。

　I usually **go** to bed at midnight.　（ふつう寝るのは深夜です）
　I **take** a shower every night.　　（シャワーは毎晩浴びます）

2）同時進行

　距離ゼロの意識は、大きな事態に包みこまれているときだけに生じるのではありません。**その場で出来事が同時進行している場合**も、やはり距離はゼロ。たとえばみなさんの目の前で、中田選手がゴールを決めます。みなさんと中田選手。同じ「とき」の流れの中を一緒に進んでいます。距離はどうですか？　「ゼロ」ですよね。

　Wow. Nakata **scores**!　　（中田、ゴール！）
　Here **comes** the boss.　　（ボスが来るよ）

Nakata scores!
The sun rises..
どちらも距離はゼロ

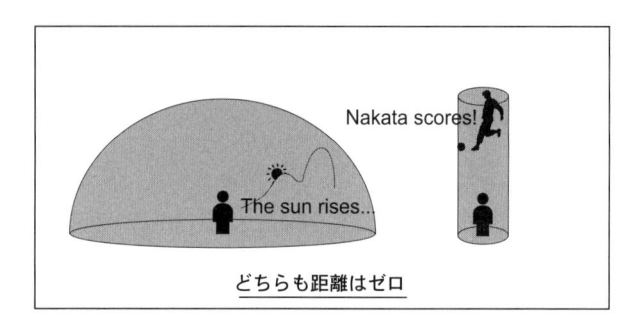

■目の前で展開

現在起こっていることをあらわす形で一般的なのは現在進行形（be + -ing）です。今紹介した現在形は、かなり限られた状況にしか使いません。その場で出来事が進行している（⇒ 状況が目の前で展開している）、そういった非常に限られた状況です。

Here **comes** the boss.　（ボスが来るよ）
The boss **is coming**.　（ボスは来ている）

comes は、ボスが目の前を向かって来ていなくては使うことができません。ですが、is coming は電話で知らせを受けた場合でも、その場で歩いている場合でもだいじょうぶ。汎用性のある表現なのです。

こうした、目の前でドラマチックに場面が展開する現在形が、スポーツの実況中継などでよく用いられるのも不思議はないでしょう。

Carlos **passes** to Ronaldo, Ronaldo **crosses** to Owen, Owen **dribbles** past 2 defenders, he **shoots** . . . GOAL!!
（カルロス、ロナウドにパス、そしてオーウェンにクロス。オーウェン、ドリブルでディフェンダーを２人抜いて...ゴォォォォォール!!）

📖 p. 146 進行形

■ことばと行為が同時進行

「その場で出来事が進行している」現在形。最後に次の使い方をマスターしておきましょう。

I **promise** I'll be back by 7. （7時までに戻る、約束するよ）
I didn't tell her anything, I **swear**. （僕は何も言ってないよ、本当だよ）
I **suggest** you contact your lawyer. （弁護士と話してみたら？）

すぐに使うことができますね。こうした単純な文にイチイチ理屈をこねることもないのですが、ちびっとだけ。この使い方も基本的に上と同じ。「その場で出来事が進行」しています。ほら、「約束する」と言ったその場で「約束」という行為が成立していくでしょう？ 前の例と同じように、**ことばと場面が同時に展開しているんですよ。**

さあ、これで現在形も終わり。だんだん「とき」の距離感がつかめてきましたね？ それができればもう安心。日本人には少々やっかいな現在完了形も自然に理解できるでしょう。

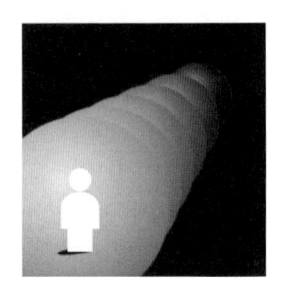

現在完了形

現在完了をあらわす文の作り方

現在完了形は「have + 過去分詞」です。この have は助動詞ですが、動詞 have と同様、三単では has となります。

I **have known** him for 10 years.　He **has** lived here for 10 years.
　　過去分詞　　　　　　　　　　　　　三単

have が助動詞であることから、次のような疑問文・否定文となります。

Has he ＿ arrived yet?　　　　I **haven't** been there.
〈助動詞を文頭に〉　　　　　　　　　〈助動詞の後ろに not〉

ZOOM UP: 間近に迫ってくる

現在完了形と過去形。意味のちがいに悩んでいる人は多いのではないでしょうか。ですが「とき」を距離感としてとらえれば、そのちがいはハッキリ見えてきます。

現在完了形は過去形とはちがいます。過去形が遠く離れているのに対し、現在完了形は現在のあなたに **ZOOM UP** する形なのです。

He became fluent in Hindi.【過去形】
（ヒンディー語がペラペラになりました）

みなさんならこの文のもつ歴史のひとこま

[134]

感が理解できるはず。ある離れた場所で起こった出来事ですね。この文を現在完了形に変えてみましょう。一体何が起こるのか。

He **has become** fluent in Hindi. 　　【現在完了形】
（ヒンディー語がペラペラになりました）

日本語訳は変わりません。ですが現在完了は**過去から現在に向かって出来事が迫ってきます**。単に「過去のあるとき得意になりました」ではなく、出来事は「今」に向かってZOOM UPしてきます。「得意になって、今ペラペラなんですよ」ということになるんですよ。

それではもう1つ例を出しましょう。

He **learned** a lot about India. 　　【過去形】
He **has learned** a lot about India. 　　【現在完了形】

過去形は「インドについてたくさん学びました」という、歴史のひとこま。現在完了は「たくさん学んだ」が今にZOOM UPしてきます。「たくさん学んでよく知っているんだな」、それがわかってはじめてこの文を理解したことになります。それではこの文と——今度は——現在形を比べてみることにしましょう。

He **knows** a lot about India. 　　【現在形】
（彼はインドについてよく知っています）

どうでしょうか。現在完了の文には過去から現在に近づいてくるダイナミックな深みがあるのに対し、現在形は単に今の状況についてだけ述べている「平たい」文になっています。

現在完了形は、現在形とも過去形とも意味するところがちがいます。この厚さ・この深みに気がつくことがネイティブの現在完了に近づく第一歩なのです。

現在完了でよく使われる語句

現在完了とのコンビネーションでよく使われる語句を学びましょう。どれも頻度が高くどうしてもマスターしておきたいものばかりです。

■**just**（ちょうど・たった今）

現在完了は ZOOM UP、間近に迫ってきます。そこに just が加わると、その出来事の「目の前感」が強調されさらに明瞭になります。

It **has just stopped** raining. （雨がちょうど降りやんだ）

■**already, yet**（すでに・まだ）

「すでに」「もう」「まだ」。こうした表現は「今」に力点がある表現です。「もう宿題終わりましたよ」、この文は今は宿題が終わった状態だということですね。つまり出来事は「今」に迫ってきているのです。

I **have already done** my homework. （宿題もう終わった）
I **haven't done** my homework **yet**. （宿題まだ終わってない）
Have you **done** your homework **yet**? （宿題もう終わった？）

さて上の例を見ると already と yet のあいだには使い分けがあることがわかるでしょう？ そう、**yet** は疑問文・否定文。**already** はそれ以外で使うのが基本です。

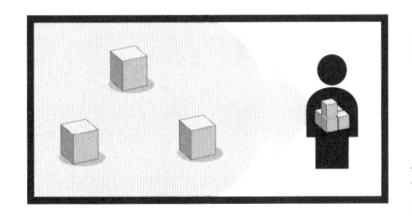

■ever, never （〜したことがある・一度も〜したことがない）

現在完了形があらわす代表的な意味合いの 1 つに「経験」があります。「ダチョウを食べたことがある」「アメリカに行ったことがある」、これが経験。「経験がある」とは、過去の出来事を今手元に——経験という形で——もっているということです。「経験」の本質は ZOOM UP、だから現在完了が使われるのです。

I've **lied** to my parents. （両親に嘘をついたことがある）
Have you **ever appeared** on television? （テレビに出たことある？）
I've **been** to Cambodia. （カンボジアに行ったことがある）

■ever に注意

多くの方が誤解しているようですが、ever を「これまでに」と考えてはいけません。次の文はおかしな文ですよ。

*I've **ever** gone waterskiing. （水上スキーやりに行ったことがある）

ever の意味は at any time （いつのことでもいいんだけどね）です。ですから疑問文にはぴったりですが、普通の文ではおかしな意味になってしまうのです。

Have you **ever** been to the States?
　（[いつのことでもいいんだけど]アメリカに行ったことがありますか）

「いつのことでもいいんだけど、水上スキー行ったことがありますよ」これは妙な文でしょう？　さて ever がわかるとその否定 never がわかります。not ... at any time、つまり「どの時点であっても〜ない」、つまり「一度も〜したことがない」となります。この ever の本質がわかると、次のような強調でこの単語が使われることが理解できるでしょう。

This game is the most exciting **ever**.
（このゲーム、すっげーエキサイティングだぜ）

all-time best（史上空前）ということですね。「どの時点をとっても best」ってことですよ。

■been に注意

前頁の例文 **Have** you ever **been** to the States? は不思議ではありませんでしたか？ been は be 動詞の過去分詞なのに「行ったことがある」と go のように訳していましたね。ここは重要なポイントです。

「行ったことがある」の意味合いでは go を使うことはできません。動詞 go は「行く」と訳されますが、「ある場所から出て行く」というイメージの単語です。ですから「今に向かってくる形」現在完了とコンビで使われると、「出て行った」という出来事が今に向かってくるわけですから、当然「今いねーよ」という意味合いで使われるのです。

She **has gone** to the States.（アメリカに行ってしまってもういない）

「行ったことがある」には have been を使いましょう。だけどナニも be 動詞に「行く」という意味があるわけではありませんよ。目的地を示す to と結びついているので間接的に「行く」となっているだけ。次の文と同じ理屈です。

I'll soon **be** with you.（すぐ君のところに行くよ）

「with you（あなたといっしょ）になる」から「君のところに行く」という意味となってますね。

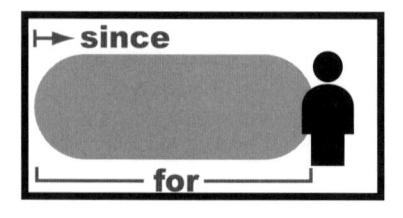

■since, for（〜からずっと・〜の間ずっと）

これは簡単。「起点（since）」「範囲（for）」と現在完了が結びついただけのこと。

I have lived in Nagoya **since 2000**.
(2000年から名古屋に住んでいる)
I have lived in Nagoya **for 4 years**. (4年間名古屋に住んでいる)

もちろん現在完了は出来事が ZOOM UP してきますから、どちらの場合も「今でも名古屋に住んでいる」のですよ。

現在完了を使うとおかしい

現在完了は目前に迫ってくる感触。ZOOM UP の感覚はもう十分身についたはず。それではここで問題。次の不自然な文を見てください。どうしておかしいのでしょうか。

Q1. *What time have you met her? (何時に会ったの?)

なんとも奇妙で不思議な文だと思いませんか? ネイティブなら瞬時にこの文の奇妙なねじれに気がつきます。「何時に会ったの?」に現在完了。過去の時間をたずねるなら過去形で十分。なぜ ZOOM UP しなければならないんでしょう。どう今とかかわるのでしょうか。

Q2. *I have eaten a lot of icecream **when I was a child**.
(小さい頃よくアイスクリーム食べたよ)

これも同種のまちがいですね。過去のある時点で起こったことだけを述べているこの文、何か今に向かってきているでしょうか。I have eaten a lot of icecream までなら大丈夫。「ああ、だから今高血圧だって言ってるんだな」「ああ、だからちびっと体重増えちゃったってことなんだな」と、ネイティブは「今」を考えるからです。ですが、その後に単に過去の話であることを示す when I was a child。ZOOM UP と単なる過去、この2つの衝突で、何を言っているのかわからなくなってしまうんですよ。

140 Chapter 4 「とき」をあらわす

「現在完了と過去を明確に示す表現は同時に使うことはできない」どの学校でも習う有名な文法事項ではありますが、もちろん覚える必要などありません。現在完了は ZOOM UP、「単に過去の話ですよ」の文では折り合いがつかなくなるのは当たり前だからです。

ネイティブレベルの現在完了

ふぅ。やっと現在完了の基本が終わりました。あとはみなさん自身が、ZOOM UP を確かな感触として育て上げていくしかありません。そしてそれは場数を踏む以外特効薬のない長い道のりです。現在完了最後の話題は、ちょっとしたお手伝い。**その場数を少々みなさんに踏んでいただくことにしましょう。**それぞれの場面で現在完了を味わってください。

Scene 1. キッチンテーブルにあるブラウニーにさわろうとした子供に、
Don't touch! I'**ve** just **taken** them out of the oven.

A. オーブンから出したばかり。今の状況に ZOOM UP すると ... そ。まだアチッチ状態だと言っているのです。Don't touch!（さわるな）から文章が自然に流れていますね。

Scene 2. 電車で寝込んでしまったあなた。ああ、渋谷駅が過ぎてしまったぁ。
Oh no, I'**ve missed** my stop!

A. 「げぇ。乗り過ごした」。その出来事はずっと前に起こったことではありません。「目の前」ってカンジ。今に迫っていますよね。

Scene 3. 「その電車使えないよ」「どうして？」
The train line **has been** under repair for 2 weeks.

A.「ずっと保線工事中」。今でも続いています。was なら工事は終わってしまっています。

> **Scene 4.** 「スカッシュやろうぜ」。あいにくあなたは . . .
> Sorry, I've **twisted** my ankle so I can't play today.

A.「足をひねった . . . そしてまだ治っていないんだよ」。現在完了が「今」に迫ってくることによって 2 つの文が滑らかにつながっています。

> **Scene 5.** 「元気ないのね」。仕事で疲れ帰宅したあなたは、奥さんに答えます。
> I've **worked** hard all day.

A.「一日一生懸命働いた」、それが現在に ZOOM UP します。「. . . だから疲れているんだよ」の声が聞こえましたか？ さあて、次からは少しレベルを上げますよ。

> **Scene 6.** ポケットを探ると携帯がありません。あなたは . . .
> Where **have** I **left** my cell phone?

A.「携帯どこ置いたんだろう」、だけど過去のことを思い出してるわけじゃありません。「(あのとき)どこに置いたんだろう」は Where did I . . .。この文は「置いた」が迫っています。「今どこにあるんだろう」に焦点がある文になっているんですよ。

> **Scene 7.** ロッカーに入れた財布を盗まれて泣きながら家に帰ってきた子供に母親が . . .
> I've **warned** you not to leave valuables in your locker!

A. すごく微妙ですね。みなさんにはぜひこのレベルに到達してもらいたいところ。「貴重品をロッカーに入れるなって言ったでしょ」。過去形 I warned you . . . なら「(あのとき)言ったわよね、覚えてる？」とあく

まで過去の出来事が念頭にありますが、ここは現在完了。And now look at you.（今のざまを見てごらんよ）に焦点が当たっています。過去に「言った」、それと現在のシーンが交錯して「言うこときかないから」と ZOOM UP してきます。へへ。ここまでがんばるんだよー。

さ、場数はずいぶん踏みましたね。ここから先は文法書の領域じゃありません。感度を上げてネイティブの英語を取り込むこと、それだけです。

過去完了形

過去完了をあらわす文の作り方

過去完了形は「had + 過去分詞」です。

　　The movie **had** already **started**.
　　　　　　　〈had + 過去分詞〉

have が助動詞であることから、次のような疑問文・否定文となります。

　　Had he　known about it?
　　　　　　〈助動詞を文頭に〉

　　I **hadn't** finished the homework at that time.
　　〈助動詞の後ろに not〉

過去完了形の意味

過去完了形は**ある過去の足場に立ってそれ以前を振り返る形**。過去形よりもさらに距離感をもった表現です。

　　By the time I got to the restaurant, my date **had** already **gone** home!
　　（レストランに着いたときにはデート相手はもう帰っちゃってた）

By the time I got to the restaurant で過去の足場が設定されています

ね。そこから以前の出来事を振り返ります。「そのときにはすでに...」、これが過去完了形です。へへ。わかりづらいかな？ だけど大丈夫。もういくつか例をながめればそのキモチがわかってきますよ。

When we arrived , the movie **had** already **started**.
（到着したときにはすでに映画は始まっていた）
She was delighted because she **had found** the perfect wedding dress.
（大喜びしてたよ、いかしたウエディングドレス見つけたから）

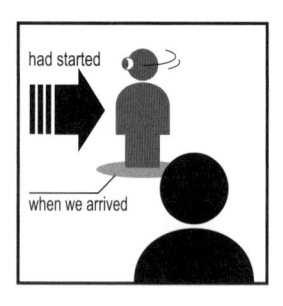

どちらの文にも 「到着した」「喜んでいた」と、過去の時点が示されていますね。そしてそれより以前を振り返っています。

過去完了でやってはいけないのは——だいたい予想はつきますね——しっかりした過去の足場がない（過去の時点が設定されていない）のに過去完了を使うこと。

*He **had failed** the exam. （試験落ちたんだ）

突然こんなことを言われても意味がわかりません。どの時点から振り返っているのかサッパリわからないからです。もちろん同じ文の中に過去の足場がなくてはならないわけではありません。

A: Why was she delighted?
B: Because she **had found** the perfect wedding dress.

ほら、同じ文でなくてもなんらかの形で過去の時点が設定されていればいいんですよ。この場合 A の発言から、過去のある時点が問題となっています。だから自然に理解できるのですよ。

「過去完了は過去より前の時点をあらわす」はまちがい

過去完了形の説明で、以前からよく見られるのはこの種の説明です。蛇足ですが注意しておきましょう。残念ながらこれは学習者を迷わせる説明だからです。

I **left** work at 6, **drove** straight to the tennis club, **played** for 2 hours, and then **had** dinner with my girlfriend.
（6 時に仕事を終えてね、テニスクラブまで車を運転して 2 時間プレイ。そのあとガールフレンドと食事したんだよ）

「過去完了は過去より前の時点」にしたがうと、この文はおかしいことになってしまいますよね。left work, drove . . . は had dinner【過去】から見れば「過去より前の時点」ですからね。had left, had driven . . . とならなければいけないことになってしまいます。

*I **had left** work at 6, **had driven** straight to the tennis club, **had played** for 2 hours, and then **had** dinner with my girlfriend.
　　　　　　　　　　　　　　　　　　　　　　　　　　　　　過去

だけどこんな文はもちろん英語とは言えません。過去完了は「過去の時点から振り返る」。上の文では出来事が「A ⇒ B ⇒ C ⇒ D . . .」と続いているだけで、

When we arrived, the movie **had** already **started**.
（着いたときにはすでに . . .）

で見られた、過去の足場に立って振り返る感触はありませんよね。過去完了は「過去より前の時点」などではありません。誤解なきよう。

進行形

進行中をあらわす文の作り方

進行形は「be + 動詞 -ing」です。be 動詞を現在形・過去形にすることによって「現在進行形(〜している)」「過去進行形(〜していた)」となります。

I **am** (**was**) watch**ing** the movie. 【現在(過去)進行形】
〈be + 動詞 -ing〉

ここで動詞は be 動詞であることに注意してください。そうすれば疑問文・否定文が be 動詞と同じ作り方をすることが、うなずけるはずですね。

【疑問文】 be 動詞を文頭に　　　【否定文】 be 動詞の後ろに not
　Is Tom　　walking?　　　　　　Tom is not walking.

進行形の意味

進行形と言われる形のもつ意味は、動詞 -ing 形 の意味と考えていいでしょう。be 動詞はおまけ。文の形を整える以上の深刻な意味合いはありません(p. 12 参照)。

-ing の理解は、「〜している」という日本語訳だけでは不十分です。訳しか知らなければ、次のような文を作ってしまう危険があるからです。

*I'm hav**ing** a pen. (私はペンをもっている)

笑いごとではありません。こうした文を書く高校生・大学生はゴロゴロ

います。もちろん「ている」が入っていますが、この文はおかしな文。**-ing** の意味の特質は、何らかの行為・活動を生き生きと示す点にあります。having a pen がおかしいのは have a pen が何の活動もあらわしていないから。単に所有権がありますよというだけの話。ぐいっとペンを握りしめてもっているというわけではありません（それは hold）。

■進行形になりにくい動詞たち

I'm having a pen. がおかしいのとまったく同じ理由から、think や believe、hear や see なども、進行形にはなかなかなりません。

*I'm thinking Lucy is cute. （かわいいと思ってるよ）
　　（正しくは I think ...）
*He is believing in God. （神を信じているんだよ）
　　（正しくは He believes ...）
*I was knowing he was innocent. （無実だと知っていた）
　　（正しくは I knew ...）
*I'm loving you. （君を愛しているんだ）
　　（正しくは I love you）
*Sh ... I'm hearing a strange noise. （奇妙な音が聞こえるよ）
　　（正しくは I can hear ...）
*Are you seeing that? （あれ見えてる？）
　　（正しくは Can you see ...）

進行形は動的な行為・活動を強く想起させます。上の文はどれも十分な「活動レベル」にありませんね？　単に心の中に思念が浮かんでいる think、信念・知識・愛情をもっているだけの believe, know, love では荷が重いのです。また hear, see（聞こえている・見えている）といった、身体を動かさず向こうから感覚がやってくるといった動詞も、進行形の意味と相容れないのですよ。

（注）誤解してほしくないのは、動詞ごとに「進行形ダメ」とラベルがついているわけではないということ。「活動レベルが低い」意味で使われているから進行形がむずかしいにすぎません。もちろんこれらの動詞だって、積極的な行為を担ったときには、進行形になりますよ。

現在形・過去形と進行形

　進行形のもつ生き生きとした感触は、単なる現在形や過去形と比べれば一目瞭然です。まずは現在形と比べてみましょう。

I **play** golf.
I'**m playing** golf.

この2つの文のちがいがわかりますか？ 現在形は「ゴルフをします」という習慣をあらわしています。非常に安定した感じ、これが現在形の真骨頂です。それにたいして進行形は「ゴルフをやっている」。その活動のまっただ中にいる、生き生きとした動感をもっていますね。

The car **stopped**.
The car **was stopping**.

過去形は「車は止まりました」、出来事が全部完結してしまった感じですが、進行形にすると「車が止まる」という活動のまっただ中。そう「車は止まりかけて」いたんですよ。

ネイティブレベルの進行形

それではさっそくまた、場数を踏んでいただきましょう。生き生きとした動感、これを手がかりに状況を想像してみてください。

> **Scene 1.** 奥さんから会社に電話がありました。娘のルーシーがひどいしゃっくり。心配しています。
> Lucy **is hiccupping.**

A.「しゃっくりしているのよ」。日本語訳はできますね。ですが状況は？ ルーシーが何度も何度も繰り返ししゃっくりをしている様子が想像できたなら合格。一発のしゃっくりなら「活動のまっただ中」というわけにはいきません。何度も何度も起こってないと。He is coughing. (げごごほがほがほ) も同じですね。

> **Scene 2.** マコがやっと病院に着いたとき、ミコの母親が病室から出てきて...
> She **is dying.**

A.「死んでるところ」、これじゃいけません。die (死ぬ) という活動のまっただ中。つまり「死にそうなの」です。

> **Scene 3.**「どうして電話でてくれないの」のあなたに、恋人はつれなく言います。
> I **was having** dinner at that time.

A. have だからといって進行形がダメになるわけではありません。ここの have は「食べる」の意味で使われています。立派な活動ですよね。

Chapter 4 「とき」をあらわす

> **Scene 4.** 友人との宴会で奥さんがあなたにたずねます。「どうしたのあんまりしゃべらないで」。
> Yeah, I'**m thinking** we should leave now to catch the last train.

A. 終電に乗るためにはもう出なくちゃと「考えていた」、ですね。think はもわっと心に浮かべる「思う」から、頭を活発に活動させる「考える」まで、広く使える動詞です。「考える」はもちろん活動ですね。次はちょっとずるい問題。ごめんね。

> **Scene 5.** 「幽霊が出たぁ。ミ、ミコがミコがああ」。叫んでいるマコにあなたが一言。
> Come on. You'**re seeing** things.

A. この場合の see は「幻覚を見る」。単にものが見えているわけではありません。幻覚を「想像している」んですよ。活動、ですね。「空耳を聞く」の hear things も進行形になりますよ、もちろん。さ、そろそろレベルを上げましょう。

> **Scene 6.** 「お兄ちゃんに悪口いわれた～」泣いている妹にお母さんがひとこと。
> You know, he'**s** just **being** silly.

A. さあこれは超 A 級。「からかっているだけさ」。be 動詞はふつう活動などあらわしません。ですが進行形で使われると、「silly なことをやっている (acting)」と、「活動」の意味が生まれます。進行形、やっぱり行為・活動なんですね。

> **Scene 7.** ハンバーガー屋のコマーシャル。男の子が大きな口でハンバーガー食べてます。
> I'**m loving** it.

A. ほら、ここでも進行形によってふつう動的な意味をもたない love が行

為と結びつきます。「(食べながら)これ好きなんだよ、もぐもぐ」です。他の例も出しましょうか。久しぶりに帰ってきたお父さんと子供の情景を思い出してください。The kid **is loving** every minute of it. ほら、子供がよろこんで飛び回っている姿が浮かんできましたね!

「とき」は前後運動

「とき」は前後運動

　ふう。お疲れさま。ここまでの道のり大変だったでしょう、特に英語初心者の方にとっては。急がなくていいんですよ。少しぐらいわからなくったってだいじょうぶ。けっしてあせらず、日々の英語体験の中で一歩一歩納得していけばいいだけです。

　さて主要なとき表現を見渡し終わったところで、みなさんがそれぞれの形を「体感」したか、ちょっと確認させてもらいますね。次の文を読んでください。

> I practised extremely hard all last year and I've become a much better player. I'm now one of the top ten players in the country.
> （去年ものすごく練習したおかげではるかに上手になった。今じゃこの国でトップ10プレーヤーなんだよ）

「この程度の文、簡単だよ」

もちろん訳すだけならそれほどむずかしくはないでしょう。しかしみなさんは、もう「日本語に直せます」だけの英語力から一歩大きく踏み出していなくてはなりません。文章が立体的に見えてこなくてはなりません。過去形・現在形・現在完了形...それぞれの形にしたがって、遠く

に・近くに情景が見えてくる——みなさんが日本語を読むときかならずやっている遠近運動——それができてはじめてネイティブの「とき」を身につけたと言えるのです。

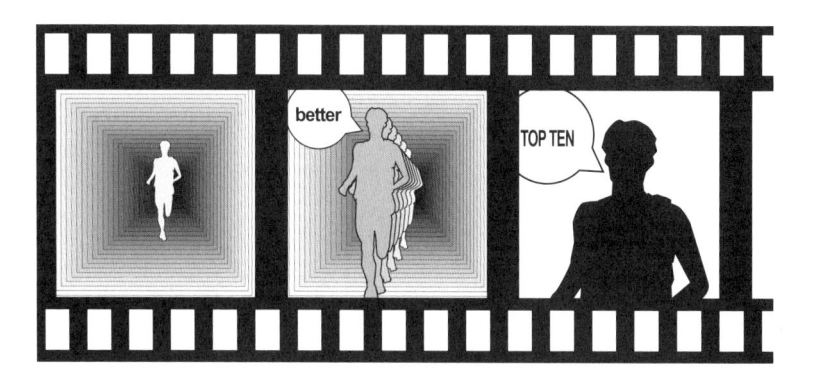

「とき」は前後運動。

ペーパーバックで小説を読んでいるとき、ふとその動きが感じられるようになったら。アルファベットの羅列ではなく、その向こうにある動きを感じられるようになったら。みなさんの英語力は相当なレベルに達していると言えるでしょう。

　がんばってね。

「とき」の自由

「とき」は心の中にある

さて、そろそろ英語の「とき」に慣れてきた頃でしょう。すべてのとき表現に──「遠い」「向かってくる感じ」など──感覚が結びついていることが納得していただけたのではないでしょうか。英語の「とき」は必ずしも現実の時間と一致しているわけではありません。とき表現と対応しているのは私たちの感覚なのです。

ここでは「現実の時間」と英語の「とき」が一致していない例をながめてみることにしましょう。「過去の時点＝過去形」という単純な理解ではとても歯が立たない例。それをながめることによって、みなさんの感覚はさらに磨かれるにちがいありません。

過去を生き生きと（「歴史的現在」と呼ばれているもの）

本章冒頭の文をもう一度思い出してみましょう。

> I **was** quietly reading the paper in the café when suddenly this guy **comes** over, **snatches** the paper out of my hands, and **starts** screaming at me.
> （カフェで新聞読んでたら男が近づいてくるんだよ。手から新聞をひったくって、僕に向かって叫びはじめやがるんだよ）

ことばの中での「とき」は、時計の中の物理的時間で決まってくるものではありません。ですから、この文のように(物理的)過去のことを現在形であらわすことだってよくあるんですよ。従来「歴史的現在(過去の出来事を現在形であらわす用法)」などと言われてきましたが、こんな文は日常頻繁に出会いますし、私も平気でどんどん使います。特別扱いする必要などまったくありません。

　とき表現の選択は意識、つまり感じ方の問題です。「遠く」感じられたら過去形。その場で起こっているように感じられたら現在形。

　上の文で話し手は、最初「過ぎ去った」出来事として話を始めているんです。ですが話をしているうちに、その出来事が自分のまわりで起こっているように感じられてきた、だから現在形にスイッチしているだけ。when suddenly ... 以降が、すごく生き生きした——あたかもその場にいるような——文になっているでしょう？　話し手の心が「そのときその場所」にいることが伝わってくるからですよ。ためしに全部過去形にしてみましょうか。

> I **was** quietly reading the paper in the café when suddenly this guy **came** over, **snatched** the paper out of my hands, and **started** screaming at me.

ほら、最初から最後までずっと「遠く離れた」視線を感じるでしょう。先ほど感じた臨場感はどこへやら。まるで生き生きしない文になっていますね。

　冒頭に紹介した文をもう1つながめてみましょう。

> Listen. It's the offer of a lifetime. You'll be glad you **bought** it.
> ([セールスマンが]いいですか。こんなオファーはもう2度とありません。買ってよかったとお思いになるはずですよ)

もうみなさんはこんな文、不思議でもなんでもないでしょう？　そう、話し手は相手が買った時点に立っているのです。そしてその時点から振り返り「買った」と言っているのですよ。物理的時間にしばられてさえいなければ、自然に理解できることですよね。

「未来をあらわす副詞節」と呼ばれているもの

「ときの自由」を獲得すると、こんなことだってカンタンに見えてきます。次の文では未来の出来事について現在形が使われているように「見えます」が、どうでしょう。その理由がわかりますか？

Come to my office **as soon as you arrive**.
（到着したらすぐオフィスに来て）
If you work hard, you'll make it to the top.
（一生懸命やったらトップになれるよ）

伝統的にこれらの文は、「未来をあらわす副詞節（as soon as ..., if ...）の中にある動詞は現在形を用いることになっている」から現在形なのですよ、と「説明」されているようです。だけど、みなさんならこんな奇妙な規則に頼らずとも、すでにこの現在形が自然に感じられているはずですね。

確かに「君が到着する」のは物理的には未来に属する事柄でしょう。ですが気持ちの上ではどうでしょうか。話し手は「彼の到着」という事態の中に身を置いて――それが実際に起こっていることを想像しながら――「オフィスにきてね」と言っているにすぎません。Ifの場合も同じ。「一生懸命やったら」と、その事態の中に身を置いて発言しているだけのことなのです。

「未来をあらわす副詞節 ...」はまったく意味のない規則です。ただそういったことが「起こっている」つもりで話している、それだけのことにすぎないのです。

「とき」の自由

みなさんはもう「感じたこと」を自由に表現するだけでいいのですよ。それがネイティブの生きている「とき」の世界です。

■これで主要なとき表現の解説は終わりです。ここからは、「とき」にまつわるその他の重要な形について理解を深めましょう。次の形がターゲットになります。

【未来表現】

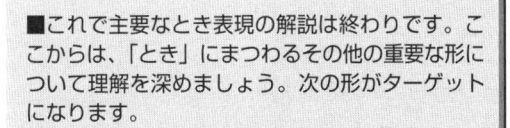

現在・過去と異なり、未来には決まった形がありません。現在形動詞はあっても、未来形動詞なんてありませんね。未来をあらわす4つの主要パターンを身につけてください。

【ときのない表現】

英語には動詞原形(変化させない形)が使われることがしばしばあります。この「ときのない」表現には典型的な意味があるのです。

【丁寧表現】

英語には「〜していただけませんか」など、丁寧や尊敬をあらわすことばはあまりありません。そのかわり、とき表現を使って丁寧なキモチをあらわすシステムがあります。

【意味の弱化】

「できるよ！」と強く言えない場合、ありますね。それよりも「できるんじゃないかなぁ」など弱い形を表示したい場合。そんなとき、英語はとき表現のメカニズムを使います。

【仮定法】

「もしもお小遣いが月6万円だったら...」。私たちは現実離れした想像をすることがよくあります。英語は「現実離れ」専門の形を用意しています。やはりとき表現のメカニズムを使うんですよ。

どれもみなさんの表現力を豊かにしてくれる魅力的話題ばかり。はりきって進みましょう。

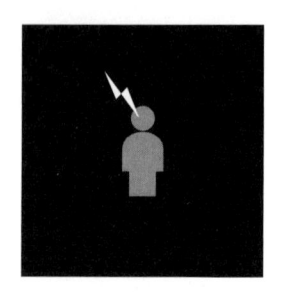

未来表現

英語に「未来」はない

奇妙に聞こえるかもしれませんが、英語に「未来」はありません。正確に言い直せば「未来をあらわす決まった形」というものがないのです。

他の「とき」、たとえば「現在」「過去」を考えてみましょう。それぞれ「現在形」「過去形」と、それぞれ決まった形であらわされていたことを思い出してください。

He **plays** tennis. 【現在形】
He **played** tennis. 【過去形】

英語の「未来」には語尾変化であらわされる定まった形というものがありません。こんなことを言うと、「未来は will に決まっている」などと言う人がいるかもしれません。

He **will** play tennis.

ですが、will は can や may と同様単なる助動詞ですし、また be going to などでも(ニュアンスは異なりますが)未来をあらわすことができることはご存じでしょう？ やはり「未来をあらわす決まった形などない」と言えるのです。

未来は選ぶもの

英語には、決まった「未来形」というものもありません。これから起こる出来事を「どう見るか」、そこにいくつかの未来表現が選択肢として用意されているのです。

未来をあらわす代表的な表現には、以下のものがあります。

① *will*
I'**ll** meet the director next Tuesday.
（来週火曜日ディレクターに会うよ）
② *be going to*
I'**m going to** meet the director next Tuesday. （会うつもりだ）
③ *be -ing* （進行形）
I'**m meeting** the director next Tuesday. （会う予定だ）
④ ただの現在形
I **meet** the director next Tuesday. （会うことになっている）

微妙にニュアンスが異なっていることがわかりますか？ ネイティブはこれら未来表現の中から、もっとも自分の感覚にあった未来の形を選んでいます。**未来もやはり「心のなか」にあるのです。**

それぞれの未来

■*be going to* は「流れの中」

すでに進行形を熟知しているみなさんなら、すぐにピンと来るはず。be going to は単なる go の進行形。

I'**m going to** my office. (会社に行くところです)

と変わるところはありません。「会社」の代わりに to 以下の「状況」に向かっているまっ最中なのです。
そのためこのフレーズは「流れの中にいる」を感じさせます。事態は to 以下の状況に向けてすでに動いている、向かいつつある、それが be going to のあらわす未来なのです。

【意図】
　I'**m going to** play soccer after school.
　　(放課後サッカーするつもりです)
　He **is going to** escape! (ヤツは脱走するつもりだぞ)
【原因】
　Run! The roof'**s going to** collapse! (走れ！ 屋根が倒壊するぞ)
　Look, it'**s going to** rain any second.
　　(ほら、いまにも雨が降りそうだよ)

be going to の典型例【意図：～するつもり】は、この「流れの中」というイメージから当然生まれてくる使い方。意図とはすでにある目的に向かった流れの中にいるということだからです。上は「サッカーをやるつもり」。たった今「あ。こうしよう」と思いついたわけではありません。現在すでに心づもりをもって、そちらの方に向かいつつある。そうした流れの中にいるということなのです。
　be going to が「原因」をあらわすことも、みなさんにとってはもう不思議ではないはずです。上の文で、屋根はぐらついています。空には雲が集まっています。そう、事態はその帰結に向けた流れの中にあるのです。

■*will* は「精神の力」

will は未来を専門であらわす語ではありません。will は「精神の力」をあらわす助動詞。精神の力を使って何かを実現させたり、見えていない状況を予測する、【意志：〜するよ】と【予測：〜だろう】の助動詞なのです。

【意志】
　I **will** lend you some money.　（いくらか貸してあげるよ）
　I **WILL** pass the exam!　　　（試験に絶対受かってやる）
　　（注）WILL は will に強調が置かれていることを示しています。
【予測】
　They**'ll** be in Tokyo by now.　（彼らは今頃東京についてるだろう）
　He **will** be the winner.　　　（彼が勝つだろう）

will が「未来時制」でも「未来形」でもないことは、by now とともに使えることからもあきらかですね。現在の「意志」「推測」をあらわすのです。もちろん未来表現の中で will はもっともポピュラーな表現ですが、その理由は簡単。未来の出来事は、「するぞ」と意志の力で起こしたり、「だろう」という予測の中にあることが多いからですよ。

■will と be going to

be going to の【意図】、will の【意志】。しっかりと区別しておきましょう。

　I **am going to** do it.　（やるつもり）　【意図】
　I **will** do it.　　　　（やるよ）　　　【意志】

be going to は、あらかじめ心づもりがあるということ。一方 will は、今その場で「やるよ」と決めているんです。たとえば今電話が鳴って「僕

取るよ」と言う場合、どちらを選ぶのが適当でしょうか。はい、正解。今決めたのですから、

I'll get it.

となりますよね。

His pants **are going to** split. (パンツやぶれそう) 【原因】
His pants **will** split. (パンツやぶれるだろな)【予測】

be going to はもう目に見えているんです。白いものがのぞいてほとんど裂ける寸前なんですね。will は予測。パンパンになっているパンツをながめて「そうなるだろう。なったらヤだな」と予測しているんですよ。

もちろん——特に初級者は——be going to と will の使い分けに神経質になる必要はありません。どちらを使っても大差ないことも多いし、まちがったからといって、意味が通じなくなることもほとんどないからです。ゆっくりゆっくり時間をかけて慣れていってくださいね。

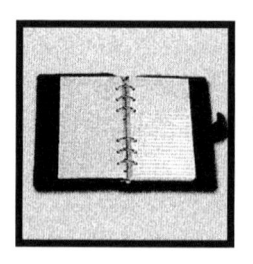

■ *be -ing* (進行形) は「予定」

進行形も未来をあらわすことができる、実に意外でしょう？【予定：～する予定(計画)になっている】をあらわす未来表現として使うことができるんですよ。

I'**m flying** to London next Wednesday. (来週水曜ロンドンに行く予定)
I'**m playing** tennis at 3 tomorrow. (テニスを明日3時にやる予定)

どちらの文にも、**未来の時点をあらわす語句がついている**ことに注意してください。進行形の形に特殊な用法があるわけではありません、みなさんよくご存じのまったく普通の進行形なんですよ。

I'm playing tennis. （私はテニスをしています）

この文は「今テニスをやっている」ということ。tomorrow がつけば、「明日テニスをやっている」。未来の時点を頭に置いて「このときにはこれをやってるし、そんでもってあのときにはあれをやっている」、それはとりもなおさず、その人の立てた「予定・計画」ということになりますね。

実際この -ing 形は、ネイティブのスケジュール帳などで頻繁に使われます。「2:00PM には . . . 5:00PM には . . .」という具合。一度奪い取ってながめてみてもいいでしょう。ってそれは犯罪。

■be going to と -ing

「～するつもり（意図）」と「予定」を区別してください。

I'm going to leave for Bangkok on Saturday.
（土曜日バンコクに出発するつもりです）
I'm leaving for Bangkok on Saturday.
（バンコクに土曜日出発する予定です）

どちらも似たような日本語訳になってしまっていますが、ネイティブにとって、この２つははっきりと異なった感触があります。be going to は「つもり」があるだけの話ですが、-ing の方はすでに飛行機のチケットを取っているなど、明確なスケジュールとして意識されている感触があるのです。

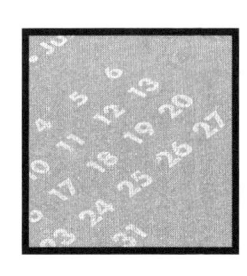

■ただの現在形は「確定マーク」

ただの現在形そのまんまの形は、【確定】した未来をあらわします。次の文をみてみましょう。

Tomorrow **is** the 12th. （明日は 12 日）
Christmas Day **is** on a Wednesday this year.
（今年のクリスマスは水曜日にあたります）

どちらの文も厳密に言えば「未来」の事柄をあらわしていますね。でも使われているのは現在形。なぜなのでしょうか？

　現在形は——当たり前のことですが——現在の「事実」をあらわします。I love Hanako. と言えば、それは今「花子を愛している」という事実を示しているでしょう？　この事実をあらわす現在形は「事実と考えられるほど確かな未来」を示します。上の例は厳密には未来のことかも知れませんが、事実と言ってもおかしくない【確定】した未来ですね。ですから現在形が使われているのです。

　未来をあらわす現在形は、カレンダー、バスや電車のタイムテーブル、講演会などのプログラム、などが主な使用場所。どれもこれも**「そういうことになっています」という【確定】マーク**がついていますからね。

　The match **kicks** off at 3 pm.　　　　　　　　　　【プログラム】
　　（試合は3時開始）
　The bus for Philadelphia **leaves** in 15 minutes.　【タイムテーブル】
　　（フィラデルフィア行きのバスは15分後出発）

無色透明な未来表現などありません。ネイティブにとって未来は文字通り「選びとる」ものなのですよ。

「とき」がない

「とき」がない

英語には「とき」がない文があります。

To speak English is difficult for me.
　原形

ほうら。「とき」がないでしょ？　原形とは「変化しない辞書通りの形」。過去形にも現在形にもなっていないということです。つまりは「『とき』がない」。英語では、こうした形が文、あるいはその一部としてしばしば登場します。

to + 動詞原形

動詞原形が典型的に使われる例、まずは「to + 動詞原形」をながめてみましょう。

To learn a foreign language is challenging.
　動詞原形　　　　　　　　　　　　　（外国語を学習するのはむずかしい）

さあ「とき」がない表現が出てきました。日本語訳に「外国語を学習すること」と示したように、to + 動詞原形は非常に**一般的な意味内容**を

もっています。誰か外国語を学習している人がいるのでしょうか。そうではありません。「外国語を学習するということ全般」を指し示す表現になっているのです。

It is tough **to run a small business these days**.
（最近小さな会社をやっていくのは大変だ）
It's exciting **to discover new places**.
（新しい場所を見つけるってドキドキする）

It . . . to . . . という形を使って、日常よく使われるタイプの文になっています（to が主語位置に使われると「なにやらエライ話が始まったなぁ」という感触があるのです）が、同じこと。誰かが実際に会社をやっていくのではなく「会社をやっていくこと」という一般的な内容になっているのです。to 不定詞がこのように一般的な内容を指すのは、それが動詞原形を伴っているからです。

　現在形・過去形など動詞変化形は、出来事を「とき」の流れの上に位置づけます。その時点に実際に起こった・起こっている事実であることを示します。

I **love** you.　　　　【現在形：現在の事実】
I **loved** you.　　　　【過去形：過去の事実】

しかし変化しない原形の場合出来事はどこにも位置づけられることはありません。つまりその内容はある時点で起こった・起こっている事実ではなく、どこの時点でも起こっていない一般的な内容を示すのです。

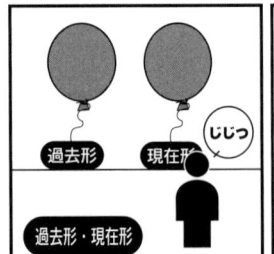

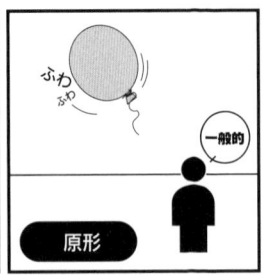

> ## 「とき」がない形
>
> 事実ではなく一般的な内容を示す。

提案・要求などをあらわす場合

原形が使われる、「とき」のない形は **to + 動詞原形**に限られるわけではありません。次の例を見てみましょう。

I propose that their offer **be** rejected. (申し出の拒否を提案します)
I suggest that he **join** us for lunch. (彼に昼食ご一緒してもらったら)
They are demanding that she **pay** in cash.
(彼女にキャッシュで払えって言ってるぜ)

どの文にも動詞原形が使われていますね (be はもちろんのこと、現在形なら三単現の -s が使われるべきところで join, pay となっています。動詞原形ですね)。なぜこれらの文では動詞原形が使われるのでしょうか。

この疑問は、動詞の意味に注目すればすぐにわかります。**propose (提案する)、suggest (〜したらいいと思うよ)、demand (要求する)** ... もうわかりましたね。**提案したり要求したりする内容は、事実ではないから**。事実ではないから、事実をあらわさない動詞原形を使う、当たり前のことでしょう？

もうみなさんは──従来の文法書のように──「提案・要求をあらわす that 節では動詞原形を用いる」、などと暗記する必要はありません。もちろん提案・要求だけでなく、次のような文でも動詞原形になりますよ。

It is vital that more medicine **arrive** soon.
(すぐにもっと薬が届かなくてはならない)
It is necessary that everyone **participate** fully.
(誰もが積極的に参加することが必要だ)

it is vital（...が非常に重要）、it is necessary（...が必要）の意味を考えればすぐに納得ができることでしょう。

■should（すべき）を用いた形

提案・要求をあらわす動詞には、動詞原形だけでなく助動詞 should（すべき）を用いた形もよく使われます。

I propose that their offer **should** be rejected.
（申し出の拒否を提案します）

この場合は——もちろん should の意味のせいで——「拒否すべき」という意味合いがわずかながら強まることになります。

命令文

次は命令文を取り上げましょう。命令文は主語のない述語むきだしの形でしたね。動詞はもちろん原形です。

Stand still.　　（じっと立っておけよ）
動詞原形
Say it.　　（言えよ）

命令文にも動詞原形が使われている理由がみなさんにはわかるでしょう？ もし現在形や過去形がきたらどんなことになってしまうでしょう。

*Did it.
*Is quiet.

こんな文がはたして意味をなすのでしょうか。過去形・現在形は事実を

あらわします。「それをやった」「も静かである」そういった事実を相手に命令として投げかけることができるのでしょうか。ははは...無理どすな。

命令文とは、まだ事実ではないこと（起こっていないこと）を指して、こうしろ・ああしろという文です。事実であっては困るのですよ。だからこそ動詞原形。事実でない形が選ばれるのです。

■命令文の強調

命令文には多くのバリエーションがあります。いい加減強い命令文ですが、それをさらに強くする方法があります。この機会にいくつかご紹介しましょう。もっともカンタンな方法は「命令の相手を絞り込むこと」。

Lee, be quiet. （リー、静かにしなさい）
You say you're sorry right now! （いいか、いますぐ謝れ）

ホースを狭めれば水勢は強まります。命令文の相手を指定することによって命令文の勢いは強まるのです。

命令文を強めるには、do をつけてもいいでしょう。助動詞 do は強調で使うことができるからです。

Do try to be nicer to your sister! （妹にもっと優しくしてやれ）

この形は、最初の命令が功を奏さず重ねて命令する場合によく使われます。

また特定の語句を使って命令文を強めることもできます。

Always remember that I'm here for you.
　（いつも君を助けてあげる、忘れないで）
Never talk to me in that tone of voice!
　（そんな言い方をするんじゃないぞ）
Don't you **EVER** lie to me again! （2度とウソつくんじゃないぞ）

always（いつも）にはあたたかい強調が、never（決して）には強い否定が、そして never を2つに分け——発音上2箇所が強まり——まるで怒鳴っているような強い効果を出す don't ... ever。どれも覚えておいて損はない形ですよ。

丁寧表現

英語の丁寧表現

英語では、日本語の「食べる → 召し上がる」のような、語句のレベルで丁寧さを表現する方法が発達していません。その代わり、文の「形」に手を加えることによって丁寧さを表現するシステムをもっています。その中心的役割を果たすのが、もうおなじみの「距離感」なのです。

助動詞を使う

それではおなじみの「お願い」文から話を進めましょう。

Open the window.　　　　　　　　　（窓を開けろ）
Will（**Can**）**you** open the window?　　（窓開けてくれない？）

Will（Can）you . . . ? は、命令文（〜しろ：典型的には目下と見なした相手に使われます）に比べて、多少なりとも丁寧な感触がありますが、その主な理由は距離感にあります。

　Open the window. は自分の要求・欲求がそのままぶつけられた形ですね。ところが Will（Can）you . . . ? はどうでしょう。この 2 つの疑問文は、字義的には（ことばの上では）相手の「意志（能力）」をたずねています。「あなたは〜する意志をもっていますか」。「窓を開けろ」という生々しい要求から、多少なりとも距離をとった表現になっているのです。

またこの文が疑問文になっていることも見逃せません。命令の押しつけではなく、相手の許諾を求める形になっていますからね。

■求められる丁寧度

Will (Can) you . . . ? は「丁寧な」表現と説明されることがありますが、それは「命令文と比べれば」程度のことです。赤の他人に何かお願いごとをするのにふさわしいレベルの丁寧さではありません。実際電車でみなさんが Will you open the window? と隣のネイティブにたずねたとしたら、不評を買ってしまうかもしれません。

赤の他人には Would (Could) you please . . . ? ぐらいの言い方をしてはじめて「丁寧な言い方だなあ」という印象を与えられることを覚えておいてください。

過去形を使う

丁寧さの本質は距離をとることにある、こう言っただけで勘のいいみなさんなら、次の展開が予測できるはずですね。本質が距離にあるとするならば . . . そう、過去形ですよ。

丁寧さを醸し出す助動詞以外の重要なメカニズム、それは過去形を使うことにあります。

I **hope** you will help me.　　　（手伝ってもらいたいんですが）

もし、こんな文を言われたらどんな気がしますか？　目の前の相手は現在「望んで」いるのです。ずいぶんな重圧ですね。それでは動詞を過去形にしてみましょう。

I **hoped** you would help me.　　　（お手伝い願えるといいのですが）

もちろん内容は現在の hope を述べているのですが、形の上では過去形です。今とは「遠く離れた」「切り離された」出来事として hope を提示しているのです。「前にちょっと思っただけなんだけど」。ほら聞き手にかかる圧力がずいぶん軽くなっているでしょう？ 同じような文は、みなさんもときどきお目にかかっているはずですよ。

[ホテルのフロントで]
How many days **did** you wish to stay, sir?
（何泊のご予定でございますか）

[チケット売り場で]
How many tickets **did** you want?
（何枚ご所望でしょう）

ほら、過去形を使うだけで相手の慇懃（いんぎん）な態度が目に浮かぶような文ができあがりましたね？

助動詞と過去形のコンビネーション

もうみなさんは次の丁寧さを支える二重のメカニズムが理解できるでしょう。

Would (Could) you open the window? （窓を開けていただけます？）

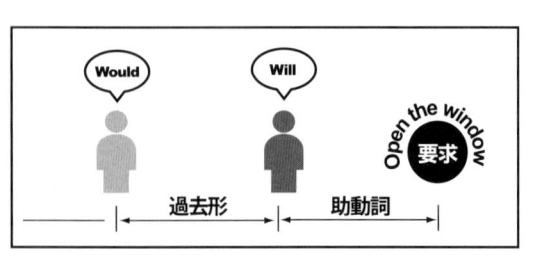

Will (Can) you...? よりも丁寧度が上がっています。助動詞だけでなく過去形によって、さらに「距離をとった」表現になっているのですよ。

■Would you mind . . . ?

　ここでご紹介した以外にも、丁寧なお願い表現は数多くありますが、距離感の原理を学んだみなさんの敵ではないでしょう。当たるを幸い、なぎ倒してくださいね。よく耳にする表現を1つだけ説明しておきますね。

　Would you mind open**ing** the window?
　　(窓開けてくださいませんか?)

Would you mind . . . ? は、Would you . . . ? よりも一段階丁寧レベルが上がります。Would you please . . . ? と同程度。mind (気にする) という単語を含んでいるのがポイントです。「相手の気持ちに配慮している」という特別なニュアンスがこもっているんですよ。

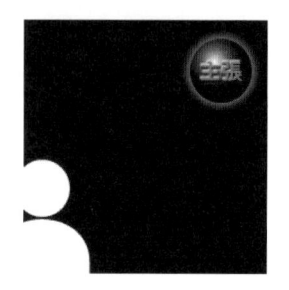

控えめな過去の助動詞

過去を示さない過去の助動詞

さて、また同じ図がでてきました。ということは...そう、過去形を使った表現です。次のペアを見てみましょう。

a. Chris **can** do it.
b. Chris **could** do it.

助動詞の過去形にはおもしろい性質があります。could は can の「過去形」ですが、「～できた」という過去ではなく、can の控えめな(弱められた)表現として機能することが多いのです。上の a は「クリスはそれできるよ」という確信に満ちた表現ですが、b は「クリスにはできるかもなぁ」程度の――過去とは無縁の――表現になっているのです。might にいたっては、may の過去形として用いられるよりも控えめ表現として用いられる方が圧倒的に多いほどなんですよ。

他の助動詞の例もあげておきましょう。意味がぐっと弱められていることに注意してください。

c. That **will** be his fiancée.　　(彼のフィアンセだよ、あれ)
d. That **would** be his fiancée.　(彼のフィアンセかなぁ、あれ)
e. He **may** come to the party.　 (彼、パーティに来るかもしれないな)
f. He **might** come to the party.　(ひょっとしたらパーティ来るかも)

さて、それではなぜこのようなことが起こるのでしょうか。ははは、みなさんには釈迦に説法ですね。そ。過去形がもつ距離感がその答えです。「できるよ（can）」「だろう（will）」「かもしれない（may）」という**強い主張。そこから「距離」をとっているから、控えめな表現になっているんですよ。**

弱化に慣れよ

英語初心者にとって、この過去の助動詞がもつ控えめなニュアンスはかなり敷居が高いかもしれません。ですが、ひとたび身につければかなり微妙なキモチを乗せることができる表現手法です。いくつか例を差し上げますから。ぜひとも慣れておいてくださいね。

> **Scene 1.** 「衛星放送映らないよ」切実な友人にあなたはアドバイス。だけどあんまり自信が．．．
> Well, you **could** try moving the antenna dish.

can なら That's a great idea! と自信をもって薦めている感じですが、could だとそんな自信はありません．．．「アンテナ動かしてもいいんじゃないかなぁ」程度。

> **Scene 2.** ロンドンに遊びに来た友人にひとこと注意します。
> Walking around here alone at night **could** be dangerous.

can なら「（ひとりでこのあたりを夜歩きすると）危ないことがあるんだよ」です。確信をもった言い方。だけど could だと「危ないかもしれないなぁ」程度。あんまり危機感はありませんね。

Scene 3. パーティでお酒を飲んだあなた。知り合った女性に「車で送っていって」と頼まれます。ラッキー！ だけど実直なあなたは...

I know lots of people drink and drive, but I **wouldn't** do it.

「たくさんの人が飲酒運転やっていることを知らないわけじゃないけど、僕はやらないよ」。すばらしい、こうでなくてはいけません。won't なら「絶対にやらないよっ」という強い語気が感じられますが、wouldn't はいくぶんやわらかい表現。「やりはしないよ」程度。この文脈なら普通こちらを使います。気合いいれても仕方ないですから。

Scene 4. 忙しいから会うの無理だろうな。だけどひょっとして時間ができるかもしれないし...

I **might** see you again before going to Tokyo.

may なら 50% ぐらいの可能性をあらわします。ですが might。「ひょっとすると...かもしれないなぁ」と、ずいぶん可能性が下がってしまいます。

過去の助動詞。その呼吸がずいぶんつかめてきた、はずですね！

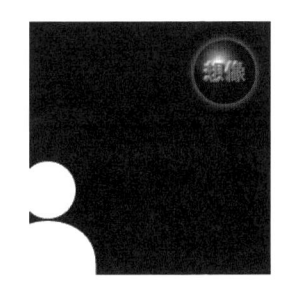

仮定法（1）

現実離れの形、仮定法

仮定法です。ちまたでは「たいへんむずかしい」「英文法最難関」などと悪名が高いこの形、だけどみなさんの敵ではありません。

仮定法は**「現実離れ」**をあらわします。「100億万円枕元にあったなら」「ああ私がもし鳥だったら」。こうした実現可能性が著しく低い（あるいはまったく不可能な）事態を私たちは想像することがあります。こうした想像を、英語では仮定法という形であらわすのです。

If you **tease** the dog, it **will** bite. 　　（その犬からかったら噛むよ）
If you **teased** the dog, it **would** bite. 　（　　〃　　　噛むだろうなぁ）

下が仮定法の文。同じような訳になっていますが、話し手の心持ちはまるでちがいます。上の文では、話し手にとってからかうかどうかは50-50。からかうかもしれないし、からかわないかもしれない。ですが、仮定法はまったく異なった心理から出ているのです。「**(どう考えてもからかったりなんてしないだろうけれど)**もしからかったとしたら...」というキモチで使われているのです。「現実離れ」した想定をしている、それが仮定法の形です。もう1つ有名な文を。

If I **were** a bird, I **would** fly to you.
　　（鳥だったらあなたのところに飛んで行くだろうに）

「**(もちろん鳥じゃないんだけどさ)**鳥だったら」というキモチ。やはり「現実離れ」していますね。

「現実離れ」をどういった形であらわすか

　仮定法の作り方に話を進めましょう。「現実離れ」という意味を実現する形です。まずはもっとも単純な文から。

I wish I **had** a Ferrari. （フェラーリもってたらなぁ）
　　　　過去形

（注）wish（願う）には、want や hope など現実感のある希望とは異なり、一種そこから「ひいた」感触があります。非現実性を認識しながら願う、手が届かないことを願う、こうした wish の意味合いが後ろに仮定法を呼びこんでいるのです。

文の意味を考えると「今もっていたらなぁ」と、**現在について述べているのに過去形が使われています**。仮定法の作り方は煎じ詰めるとこれだけのことなのです。
　さて、それではなぜ、仮定法には過去という形が使われるのでしょうか。うーん...ちょっと実験してみましょうか。

【実験君】
　あなたは今フェラーリもっていますか？　フェラーリもってない人は、自分が真っ赤なフェラーリに乗っているところをちょっと想像してみてください...ああカッコいい...
　はい。もうけっこう。十分想像しましたね。では今度は想像していたときのご自分の動作を思い出しましょう。フェラーリを想像し始めたときから視線はこの紙面を離れ、目は細くなり、そして顎は心持ち上がります...あたかも遠くの景色をながめるように...

現実離れしたものごとを想像するとき、私たちはそれが身の回りに起こっているように感じることはできませんよね。どこか遠くで起こっているように感じているのです。

だから過去形。

過去形は「距離感」をあらわす形です。この過去の距離感がちょうど仮定法の「現実離れ」と一致する、だからネイティブは仮定法に過去形を使うことになんら不自然さを感じないのですよ。

典型的な仮定法文

メカニズムがわかればあとは簡単。さっそく if を使った形に進みましょう。

If I **had** a Ferrari, I **would** attract more girls.
（フェラーリもってたらもっとモテるのに）

これが典型的な形。現実離れした状況を仮定して「もし . . . だったら、〜だろうなぁ」の文。had がなぜ過去になるかは大丈夫ですね？ そ。現実離れしているから過去形になるのです。それでは would は？

would の正体は「控えめな助動詞」です。考えてもみてください。みなさんは if で非現実的な内容を想像しています。そんなとき「will（〜だろう）」という強い言い回しは可能でしょうか？ そもそも非現実的なんですからね。「〜になるんじゃないかなぁ」程度のホンワカした言い回しになるのが自然で

しょう？ もちろん can, may も、仮定法で使われるときには **could, might**。控えめにしなくちゃね。

If I had a better job, I **could** ask Mary to marry me.
(もっといい仕事についてたらメアリに結婚申し込めるのにな)
If I had a better job, Wakako's parents **might** let me marry her.
(もっといい仕事についてたら和歌子の両親は結婚を許してくれるかもしれないのにな)

■were について

仮定法は「現在のことを述べるのに過去形」。この唯一の例外が were です。

If I **were** you, I wouldn't do such a thing.
(僕が君だったら、そんなことはしないだろうな)

I が主語ですから、過去形なら was になってしかるべきところ。確かに If I was よりも If I were が普通ですね。ですが、この例から「仮定法という形は特別な動詞形を用いる」と考える必要はありません。ネイティブにとって If I were ... はほぼ決まり文句と感じられているため、この「古い」形が現在も生き残っていますが、同時に If I was ... という形も現代英語ではカジュアルな形として認知されているからです。

「If I were ... が決まり文句と感じられて」「If I was も認知されて」、この２つの事実は、仮定法というかつて特別な動詞形を要求した形式が、「現実離れ」という意味ゆえに、過去形のもつ「距離感」の中に飲み込まれつつあることを示します。ことばが「感性」に動かされていることを示す好例でしょう。

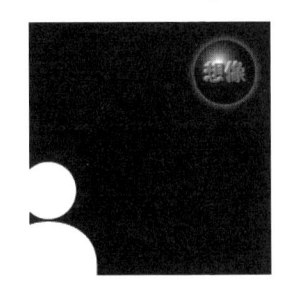

仮定法(2)

過去にたいして「現実離れ」

　仮定法の基本は、「現在について過去形を使う」。そのメカニズムの中心は「現実離れ」にありました。もうみなさんは次のような、現在起こっていないこと・可能性がすごく低いことをあらわす文を理解することができますよね。

I wish I **had** a rich boyfriend.
（お金持ちの彼氏もってたらなぁ）
If I **had** a rich boyfriend, he **would** buy me lots of designer clothes.
（お金持ちの彼氏もってたら、たくさんデザイナーブランド買ってもらえるだろうになぁ）

さて、それでは**過去に実現しなかったことを「仮定」するにはどのようにすればよいのでしょうか**。日本語でも「あの時1000円もってたらあの本買えたのになぁ」なんて言いますよね。さあ、やってみましょう。

> I wish I **had worked** harder. （(あのとき)もっと働いていたらなぁ）
> 　　　　　過去完了

「はは～ん。同じことなんだな」と思った方は、すごく鋭い。現在ありえないことを仮定するには「過去形」を使いましたね。現実離れを起こしているからです。今度は過去に起こらなかったことを仮定するのですか

[181]

ら、「過去の現実」から離れなくてはなりません。過去よりさらに距離をとる、つまり「過去完了形」を使うというわけですよ。

　仮定法は次の図のように普通の表現よりも1つ、過去にずらした形を使います。そこにもやはり「現実離れ」の感覚が息づいています。

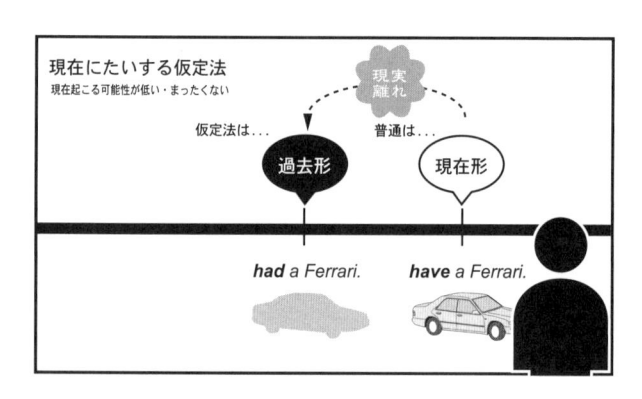

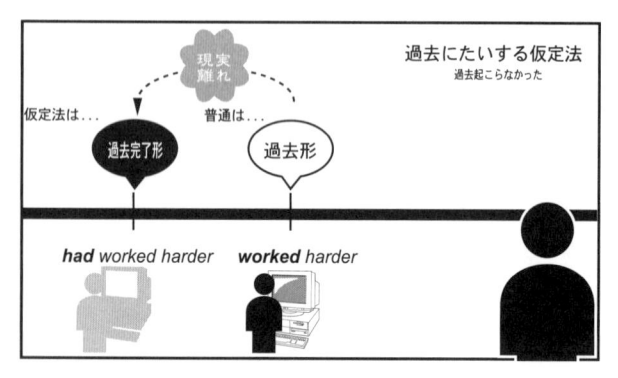

現在にたいする仮定法
現在起こる可能性が低い・まったくない

仮定法は… 過去形　　現実離れ　　普通は… 現在形

had a Ferrari.　*have* a Ferrari.

過去にたいする仮定法
過去起こらなかった

現実離れ
仮定法は… 過去完了形　　普通は… 過去形

had worked harder　*worked* harder

仮定法(2)　183

典型的な仮定法文

さて、それでは if を使った仮定法に進みましょう。

> If I **had studied** harder, I **would have passed** the exam.
> (もっと一生懸命やっていれば、試験に合格しただろうになぁ)

☐ **If I had studied ...** ([あのとき]勉強していたら)

この形はもう不思議ではありませんね。実際は一生懸命勉強してはいなかったのです。過去に起こらなかったことを仮定するのですから過去完了で「現実離れ」です。

☐ **I would have passed ...** (〜しただろうなぁ)

will have は「〜しただろう」、つまり以前の出来事を「だろう」と予測する形。I will have passed で十分「〜しただろう」になります。それではなぜ would have passed と would が使われているのでしょうか。ははは、大正解。非現実的な想像をしながら「〜しただろうなぁ」と言っているのですから、will have では強すぎますね。ホンワカした控えめな would が自然なのですよ。

■助動詞と have のコンビネーション

「助動詞＋have」は、以前の事柄にたいして「だろう」と現在判断するたいへんふつーの形です。will have に限りませんよ。

John must have done it.　(やったにちがいない)
　　↓　　　↓
　ちがいない　以前の事柄

John may have done it. (やったかもしれない)

(注) 現在完了形以外の have については続編でくわしく、ね。

仕上げにもう 1 つ同じタイプの文を見てみましょう。

If you **had warned** me, I **wouldn't have got** into this mess.
(もし君が注意してくれていたなら、こんなことにはならなかっただろう)

さて、もう要領はつかめましたね。それでは最後にかなり難易度の高い例に挑戦してみましょうか。

> If I **had worked** harder back in those days, my business **would be** more successful now.
> (あの頃もっと一生懸命働いていれば、今ごろ商売はもっと成功していただろうに)

今回は would have ではなくて、単なる would。先ほどとのちがいがわかりますか？ would は単なる will をホンワカさせた形。「〜だろうなぁ」です。そ。「今」について想像しているんですよ。「過去〜していたら、今〜だろう」というコンビネーション。もう1つ同様の例を差し上げましょう。

If I **had** quit smoking, I **wouldn't** be so sick (now).
(もし(あのとき)タバコをやめていたなら、(今)こんなに病気になっていないのに)

こうしたコンビネーションが自由に作れるとしたら、もう仮定法は卒業です。

さて、英文法の「最高峰」仮定法、いかがでしたか？ 何もむずかしい理屈はありません。ただただ「現実離れ」というイメージがあるにすぎないのです。とはいえ、普通の文よりも形が多少複雑ですからある程度の慣れは当然必要になってきます。

ゆっくりでいいですよ。次のポイントだけをしっかり握りしめて、

ゆっくり進んでいってくださいね。

> ■**仮定法まとめ**
>
> ・あり得ない仮定をするときは「距離感」のあるとき表現を使う。
> ・あり得ない仮定をうけるときには「控えめな」助動詞を使う。

第4章「『とき』をあらわす」まとめ

　ことばに流れる「とき」は、物理的時間とはまったく性質が異なります。物理的時間は、私たちの中に「感覚」として取り込まれ、とき表現という形を与えられます。

「ご自由に」

それがこの章最後のメッセージ。感じるままに、ということです。「とき」は心の中にある、だから感じたままを表現に映せばいい、それだけのことです。

　だってことばはそもそもそういうものだから。心を映すものだから。

あとがき

　ふぅ。やっと終わりましたね。みなさん、おつかれさま。いかがでしたでしょうか。外国語の勉強はとても険しいもの。ですが今回英語ということばのもつ単純なしくみを理解したみなさんなら、その険しい山々を今までよりも気軽に、そしてやすやすと乗り越えていけるにちがいありません。

　今回は通常の文法書で取り上げられる個々の表現（to 不定詞・接続詞などなど）の解説は極力省きました。英語ということばの「骨格」を理解していただきたかったからです。これら文法学習上重要な語句に関しては、続編で詳しく説明することになります。こちらもおたのしみに。

　最後になりましたが、研究社編集部の杉本義則氏に深く感謝いたします。この本、私のテレビ出演などと重なり、予定よりも 1.5 年も遅れました。この本が出版されたのは、辛抱強く励ましてくださった氏のおかげだと思っています。

　それではみなさん、ごきげんよう。

　　　　　　　　　　　　　　　　　　　　　　　　　　　大西泰斗

INDEX

ア行

あいづち疑問　63

カ行

過去完了形　143
過去形　128, 171
過去分詞　109
仮定法　177, 181
関係詞　115
間接疑問文　72
感嘆文　76
聞き返し疑問　73
疑問文　44, 53
グラブ　117, 118
現在完了形　134
現在形　130, 163
限定詞　95
限定修飾　86

サ行

使役構文　36
主語　7, 44
述語　16
ジョイン　117, 119
助動詞　44, 170, 174
進行形　146
説明修飾　105
前置詞　19
全文否定　91

タ行

他動詞　18
知覚構文　33
程度副詞　89
丁寧表現　170
同格　110
動詞原形　9
倒置　44

ハ行

否定疑問文　57
否定文　91
ピボット　29
頻度副詞　89
付加疑問文　60
付帯状況　113
部分否定　91
分詞構文　107

マ行

未来表現　158
未来をあらわす副詞節　156
命令文　9, 168

ラ行

歴史的現在　154

A-Z

a, an　100
all　102
already　136

INDEX

any 102
be going to 159, 161, 163
be -ing 162
be 動詞 12, 45
ever 137
every 102
for 138
have 37
-ing 106, 146
just 136
let 38
make 37
never 137
no 103
No sooner . . . than 50
Of course not. 59

since 138
So do I 47
some 101
that 25, 112
the 98
to 22
to + 動詞原形 165
want 24
Why not? 59
wh 疑問文 64
wh 修飾 115
wh 文 71
will 161
with 113
yet 136

KENKYUSHA

〈検印省略〉

ネイティブスピーカーの英文法絶対基礎力

2005年11月20日　初版発行
2023年 5 月31日　20刷発行

著　者　大西泰斗
　　　　ポール・マクベイ
発行者　吉田尚志
印刷所　図書印刷株式会社

発行所　株式会社　研究社
https://www.kenkyusha.co.jp/

〒102-8152
東京都千代田区富士見2-11-3
電話（編集）03(3288)7711（代）
　　（営業）03(3288)7777（代）
振替　00150-9-26710

表紙デザイン：小島良雄 / 本文イラスト：大西泰斗

© Hiroto Onishi & Paul Chris McVay, 2005
ISBN978-4-327-45192-9　C1082　　Printed in Japan